Walter Altmann

Architectur und Ornamentik der antiken Sarkophage

Verone

Walter Altmann

Architectur und Ornamentik der antiken Sarkophage

1st Edition | ISBN: 978-9-92502-956-3

Place of Publication: Nikosia, Cyprus

Erscheinungsjahr: 2016

TP Verone Publishing House Ltd.

Nachdruck des Originals von 1902.

Walter Altmann

Architectur und Ornamentik der antiken Sarkophage

Verone

MEINEN ELTERN

VORWORT.

Der erste Teil dieser Arbeit ist bereits als Dissertation unter dem Titel „De architectura atque ornamentis sarcophagorum" erschienen. Die Wichtigkeit des Gegenstandes und die Möglichkeit, an der Hand von Abbildungen das Gesagte zu erläutern, lässt es erklärlich erscheinen, wenn diese Arbeit jetzt in deutschem Gewande ersteht.

Trotzdem bereits Otto Jahn sich mit dem Gedanken getragen hatte, die Sarkophage in zuverlässiger Weise zu sammeln, und Friedrich Matz mit rastloser Mühe das Material zusammengetragen und zu sichten begonnen, blieb es erst Carl Robert vorbehalten, den reichen mythischen Stoff mit bewundernswerter Gelehrsamkeit in für alle Zeiten abschliessender Form zu publizieren.[1]) Ihm, meinem hochverehrten Lehrer, sei auch an dieser Stelle der Dank für die Fürsorge ausgesprochen, mit der er meine Studien geleitet hat. Längst war es sein Wunsch gewesen, unabhängig von der Darstellung, das rein Formale der Sarkophage zu betrachten, gewisse Klassen zu unterscheiden, veraltete Anschauungen zu beseitigen. Der Mangel an Zeit und die notwendige Beschäftigung mit fernerliegenden Dingen hat ihn bisher davon abgehalten und veranlasst, mir dieses sein Sorgenkind anzuvertrauen.

Wenn diese Untersuchung nun schliesslich zu Resultaten führt, die der Anordnung der grossen Publikation in gewissen Punkten widerspricht, so der Nachweis, dass die Scheidung in griechische und griechisch-römische Sarkophage ohne Recht besteht, so muss dieselbe bei der Erläuterung der Darstellung trotzdem wohl auch fernerhin beibehalten werden.

Für die in freundschaftlichster Weise geleistete Hilfe bei Fragen auf ägyptischem Kunstgebiete, spreche ich an dieser Stelle Freiherrn Fritz von Bissing meinen Dank aus, ebenso denen, die mich mit mündlichen und schriftlichen Ratschlägen, welchen ich gerne folgte, unterstützten, vor allem Botho Graef, Hans Dragendorff, Alfred Körte, Erich Pernice.

---

[1]) Die antiken Sarkophagreliefs, erschienen sind Band II und III [1], der zweite Teil, der bereits mitbenutzt werden konnte, ist im Erscheinen begriffen.

INHALT.

I. DIE ARCHITECTUR.

II. DIE ORNAMENTIK.

I. DIE ARCHITEKTUR.

Matten bedeckt. Das Berliner Museum [1]) bewahrt die Mumie eines neugeborenen Kindes, das in einem Korbe beigesetzt ist. Man hat hier also in derselben Weise ein Gerät, das man gerade zur Hand hatte, benutzt, wie wir es später in Griechenland finden werden.

Allmählich beginnt man alle mögliche Sorgfalt auf die Herstellung fester Wände im Innern der Grube zu verwenden, man verputzt sie mit dünnem, weißem Stuck, man baut sie mit Lehmziegeln aus. Der Glaube an die große Bedeutung von der Fortdauer des Doppelgängers u. s. Vereinigung mit dem Leichnam führt dazu, reichliche Beigaben dem Toten mitzugeben; noch giebt man sie in natura mit und erneuert sie. So trennt man einzelne magazinartige Räume ab, um dies zu ermöglichen. Dadurch entsteht ein centraler Begräbnisraum, umgeben von einer Reihe geschlossener Kammern, der Typus des Menesgrabes. [2])

Noch hat man jene secundäre Bestattungsweise beibehalten; der Mangel an Raum erfordert es, jene Gebeine in kauernde Stellung zusammenzudrängen. Das Grab, einmal verschlossen, bleibt unzugänglich, aber um den Toten vor weiteren Gefahren, die der Erhaltung seiner im Jenseits so nötigen Gliedmaßen entgegenstehen, zu schützen, errichtet man einen Hügel, und damit Anubis, der Wegöffner, ihn nicht zu leicht aufkratzen kann, befestigt man ihn mit Baumstämmen, Zweigen und Mattengeflecht. Solche Decken, die sich in El Amrah und Abydos thatsächlich gefunden haben, geben späterhin, in Stein nachgeahmt, Motive für Deckenmuster her.

Diese ganze Entwickelung führt folgerichtig zur Konservierung des Leichnams, so daß man jedenfalls schon am Ausgange der IV. Dynastie zur vollständigen Erhaltung des Toten und dann zur eigentlichen Mumifizierung überging. Man birgt die Leiche in einem viereckigen Kasten. Damit ist die älteste Form des Sarkophages geschaffen. Derselbe bleibt unbeschrieben, erhält dann höchstens Namen und Titel des Verstorbenen; erst ganz jung ist die Sitte, die Totenbücher auf den Sarkophag selbst zu schreiben.

Bereits im alten Reiche treten uns nun aber architektonisch verzierte Särge entgegen. Der bekannteste ist der des Chufu-Anch aus der IV. Dynastie, in Gizeh gefunden. [3]) Das Material ist rötlicher Granit, der Deckel ist gewölbt, nur an den Enden sind Balken quadratischen

---

1) Inv. Nr. 14415.

2) Vgl. L. Borchardt Ä. Z. 36. Bd. 1898 S. 90 ff. Diese Form der Mastaba ist ihrem Wesen nach nicht vom Felsgrab verschieden. Nur Terrainbedingungen und Geldmittel entscheiden darüber.

3) Perrot-Chipiez I Fig. 123, 124.

1. Der Orient.

Der Sarkophag, der in so zahlreichen Gattungen uns Sitte, Mythos und Glauben des Altertums wiederspiegelt, ist nicht griechischen Ursprungs.[1]) Seine Wiege steht in Ägypten und führt uns hinauf in die nebelhaften Zeiten des alten Reiches.

Jede Untersuchung von Sarkophagtypen muſs daher notwendigerweise mit Ägypten beginnen. Es handelt sich dabei nicht nur um die historische Erwägung, daſs der Sarkophag von hier aus wahrscheinlich seine Wanderung über die Inseln nach Griechenland angetreten hat, sondern um die Feststellung der Tatsache, daſs zwei wesentliche Haupttypen, der kastenartige und der anthropoide Sarg zu Zeiten ausgebildet worden sind, wo die anderen Kulturen noch gar nicht in Frage kommen.[2])

So verschieden auch die religiösen und sittlichen Anschauungen, sowie der Begräbnisritus bei den Ägyptern von denen der anderen Kulturvölker gewesen sein mögen, um so lehrreicher ist es trotzdem in wenigen Zügen die Entwickelung dieser Grabformen zu betrachten, zumal gerade auf griechischem Boden ähnliche Bedingungen gelegentlich auch gleiche Formen gezeitigt haben.

Die älteste Form des ägyptischen Grabes besteht in einer meist rechteckigen Grube. Hier werden die Gebeine des Toten beigesetzt, nachdem sie eine Zeit lang im Wüstensand ausgedörrt sind.[3]) In diesen ältesten Gräbern findet man die Toten in zusammengekauerter Stellung, in Leinen gehüllt und in Lederfelle eingenäht, öfters auch noch mit

---

1) Die Deutung des Wortes σαρκοφαγος hat bisher zu keiner befriedigenden Lösung geführt.

2) Assyrien und Babylonien haben wegen anderer religiöser Anschauungen nie sarkophagartige Behälter gebraucht.

3) Einen ganz ähnlichen Bestattungsprozeſs scheinen die italienischen Ausgrabungen auf Kreta, nördlich der Akropolis von Hagia Triada, nachgewiesen zu haben. Hier besteht eine Art Mittelstufe zwischen Bestatten und Verbrennen, die Bestattung der Knochen. Diese Ueberreste werden in rechteckigen, auſsen bemalten Terracottakästen zusammen mit Schmuckgegenständen unter der Erde oder in Hohlräumen in Kuppelform, die in die Felsen gegraben und dann vermauert wurden, geborgen.

Durchschnitts, die wir am besten als Bossen bezeichnen, stehen geblieben. Der Kasten zeigt ringsum einen mit Hieroglyphen beschriebenen Rand, der übrige Raum durchbrochenes Sparrenwerk: in der Mitte drei türenartige Anlagen mit einer Reihe kleiner Öffnungen darüber; auf jeder Seite je drei hohe durchbrochene Einschnitte und Öffnungen mit besonderen inneren Umrahmungen. Darüber läuft an der Langseite als oberer Abschluß eine Art einfaches Stabwerk. Während man früher diese Dekoration als Nachahmung der Hausfaçade ansah und von hier aus die Rekonstruktion des altägyptischen Wohnhauses unternahm, ist man von diesem Irrtume bereits zurückgekommen.[1]) Das ägyptische Wohnhaus sieht so anders aus, daß man zwischen beiden keine Verbindung suchen kann.

Vielmehr haben wir es hier auf dem Sarkophage mit zwei ganz verschiedenen Elementen zu thun. In der Mitte haben wir die sog. Prunkscheintür und zwar hier in aufgelöster Form, zu beiden Seiten kleine Scheintüren. Beides sind zwei ganz verschiedene Dinge, am allerwenigsten darf man das eine als die Abkürzung des anderen ansehen. Vielmehr ist die Scheintür wirklich der Holzkonstruktion entlehnt und zeigt einen grossen glatten Rahmen, der eine Tür und vielleicht darüber liegende Fenster einfaßt. Die Prunkscheintür dagegen zeigt nicht Holz-, sondern Ziegelbaukonstruktion. Es begegnen uns hier die Erscheinungen, wie sie Ziegelkonstruktionen jeder Epoche eigen sind, jene reiche Gliederung von bald vor-, bald zurückspringenden Pfeilern und Kanten, wie sie vor allem uns die Gothik zeigt. Wir haben also hier ein Element, das der älteren heimischen ägyptischen Bauart, die den Ziegel verwandte, entnommen scheint. Wollen wir aber ein Verständnis für diese Formen erzielen, so dürfen wir nicht von den Sarkophagen ausgehen, die diese Motive einfach übernommen haben, sondern von dem Grabbau. L. Borchardt hat nun glänzend nachgewiesen, wie die ganze Umfassung des Menesgrabes aus einer Nebeneinanderreihung solcher Prunkscheintüren besteht, ein Stückchen von dieser Façade zeigt also der Sarkophag in der Mitte, als den charakteristischsten Teil einer solchen reichgegliederten Façade. Überhaupt tritt dies Prunkscheintor verhältnismäßig selten auf und begegnet nur bei den Gräbern von Königen.

Daneben finden wir nun als zweites Element die Scheintür. Auch hier liegt das Prius beim Grabbau. Bei den ältesten Mastabas sind ein oder zwei solche Scheintüren an der Aussenseite des Grabes angebracht

1) Mariette, Mastaba S. 73. L. Borchardt Ä. Z. 36, 1898 S. 93.

damit der Doppelgänger Ka aus dem Jenseits des Grabes zu den Opfern des Diesseits gelangen kann. Vom Grab überträgt man die Scheintür auf den Sarkophag.

Der Sarkophag repräsentiert also keineswegs einen Tempel oder ein Haus, es fehlt ihm überhaupt jeder konstruktive Gedanke. Vielmehr bringt der Ägypter seine Scheintür genau so an, wie man ein Ornament behandelt. Wir finden hier denselben Prozeß, den die ägyptische Pflanzensäule uns zeigt. [1] Auch hier tritt uns keine tragende Funktion entgegen, auch hier haftet die Auffassung als Pflanze nur rein auf der Oberfläche.

Der äußere Sarkophag des alten Reiches ist also nichts weiter als ein Kasten, der verschiedentliche vom Grabbau übernommene dekorative Elemente tragen kann. Er birgt in seinem Innern einen zweiten, hölzernen Sarg, der zunächst eine einfache rechteckige Form zeigt. Dieser innere Sarg ist nun bestimmt, in einem langsamen Werdeprozeß, den wir stufenweise verfolgen können, zu der Form zu führen, die wir seit Renan [2] die anthropoide nennen. Gegen Ende des alten Reiches beginnt man dem Toten eine Maske aus Pappe überzuziehen. Wenn auch F. von Bissing [3] anfänglich nur auf zwei Beispiele solcher Totenmasken hinweisen konnte, so liegen heute bereits eine ganze Reihe von ihnen vor. Eine der ältesten bekannten ist die des Apa-anchu im Berliner Museum. [4] Sie lag über dem Gesichte, während eine Perrücke den Kopf verhüllte. Die Maske ist vergoldet, Haar und Bart sind blau gefärbt. Die nächste Parallele geben uns, worauf v. Bissing schon hinwies, die mykenischen Goldmasken, die aus dünnem Goldblech gewalzt und, wie die leichenartig zusammengekniffenen Lippen zeigen, über dem Totenantlitze selbst geformt sind.

In Ägypten setzt an diese Sitte eine zweite an: dem Toten einen Sarg zu geben, an dem die Maske festsitzt. Maske und Kasten werden somit ein einziges Stück. Es ist die Vorstufe für den anthropoiden Sarkophag, wo die menschliche Gestalt nur durch die Wiedergabe der Maske hervortritt, wie sie die Särge Amenophis I und Thutmosis I uns zeigen. Gewölbte Linien geben wohl die Silhouette des Körpers wieder,

---

1) Vgl. L. Borchardt. Die ägyptische Pflanzensäule Berlin 1897.

2) Nach Herod. II. 86.

3) De tabula statistica Thutmosis III diss. 1896 these III: nach dem Papyrus Amhurst (Chabas Mélanges Égypt. III. 2, p. 10ff.) läßt sich diese Sitte bei dem Königen am Ausgange des 20. Jahrh. v. Chr. feststellen.

4) Vgl. d. äg. Altertümer S. 74 Nr. 10180 (L. D. Ergänzungsband Taf. 44). Vgl. Virey guide p. 195 Nr. 810.

aber niemals werden die Arme oder gar die Hände angedeutet. Unter den vielen Mittelstufen, die das einfache Gerippe der Entwickelung hier nicht stören sollen, giebt es auch eine, wo das Bild des Verstorbenen in ganzer Gestalt als Holzrelief auf die Mumie gelegt wird. Dieses Relief zeigt den Toten in eine Ebene projiziert, die Hauptteile des Körpers nur in ganz flachem Relief angegeben.[1]) Dieses deckelartige Mumienbild soll den innersten, dritten Sarg ersetzen. Es ist dies eine jüngere Erscheinung, aber in der Weise hätten wir uns den Übergang zu denken.

Die zweite Stufe repräsentieren die Richisärge[2]), die am Ende des mittleren Reiches auftreten. Hier erscheint der Tote von den Federn der Göttin Nut umwickelt, die die Flügel um ihn schlägt. Die Federn, durch Malerei dargestellt, bedecken den ganzen Leib. Der Kopf ist ausgeprägt, die Beine werden angedeutet, aber der Tote hat noch keine richtige Form, der Leib wird noch nicht durchgebildet. Es ist charakteristisch, wie dieser Sarg mit der Maske den Toten vertritt, daher die Göttin ihn und nicht die Mumie umschlingt. Bei den Königen im Anfang der 18. Dynastie werden bereits die Arme angefügt. So der Sarg des Akhotpu.[3]) Bei Sethos I und Ramses II[4]) hat der anthropoide Sarkophag seine vollendete Durchbildung erhalten. Um die Mumie völlig nachzubilden tritt hier nachhelfend die Farbe ein, so zeigt der Berliner Sarg des Meri[5]), eines Beamten des Amonstempels, die blauen Streifen, die die äusseren Binden der Umwickelung wiedergeben. Die übrige Bemalung besteht in schwarz mit Gold nach der unter Dyn. 18 in Theben herrschenden Sitte. Die Arme sind über der Brust gefaltet, ebenso an dem Steinsarge des Har-e.[6]) Bei den spätsaïtischen wird diese Angabe des Körpers wieder auf den Kopf beschränkt.[7])

Daß diese anthropoide Form sich auch auf den äußeren Sarkophag erstreckt hat, ist schon deshalb unwahrscheinlich, weil dieser Mumiensarg den Toten selbst ersetzen sollte. In der älteren Zeit hat sicher-

---

1) Berlin 10832 Sarg der Tamaket Dyn. 20, speziell für Theben bezeugt.

2) Steindorf Ä. Z. 33. Bd. 1895 S. 85 Abb. Auf dem Sarge des Königs Eï erscheint die Göttin im Relief an den Ecken des äußeren Sarkophages, wie sie schützend ihre Flügel über zwei Seiten herüberbreitet vgl. Berl. Katal. S. 145 Nr. 2073.

3) Maspero les momies royales Taf. V.

4) A. a. O. Taf. XI.

5) Katal. S. 172 Nr. 1.

6) Kat. S. 171 Nr. 57 Abb. 36, vgl. auch Perrot-Chipiez Fig. 195 Sarkophag eines Schreibers aus der 19. D.

7) Vgl. den Holzsarg Grébault, le musée Égyptien pl. XIX, und den Berliner Kindersarg Nr. 7478 Kat. S. 237.

lich die Kastenform allein geherrscht. Auch die Richisärge sind innere Särge und zeigen einen kastenförmigen äufsersten Sarg. Für den äufsersten Sarg ist aber überhaupt die anthropoïde Form nicht nachgewiesen, wenn es sich auch nicht in allen Fällen erweisen läfst, da wir es oft mit vier Särgen zu thun haben, von denen nur die Hälfte erhalten ist. In einem saïtischen Grabe[1]) bestätigt sich die Thatsache, dafs der äufsere Sarkophag noch Kastenform hatte, ihm wird im Inneren allerdings gelegentlich die Mumienform gegeben, damit ein Holzsarg hineinpafst.[2]) Sogar noch in einer Zeit, wo gleichzeitig Särge mit griechischen Inschriften gefunden wurden, befinden sich in einem kastenförmigen Steinsarge zwei innere anthroproide.[3])

Diese anthropoïden Sarkophage werden in saïtischer Zeit, wie wir aus den Funden der Nekropole in Sidon erkennen, nicht nur Gegenstand des Exportes, sondern auch der Nachahmung. Die sichere Herkunft aus Ägypten erweist sich bei drei der Sidonischen S., dem des Königs Tabnit, dessen Sohn Eschmunazar und dem im Untergrunde der Kammer I verschütteten Nr. 17, durch das Material, schwarzen Amphibolit und die Reste von Hieroglyphen. Auffallend ist schon ihre Gröfse, der letztere mifst z. B. 2,60 m L.; 1,50 m H.; 1,38 m B.

Die Nachahmungen gehören sämtlich dem phönizischen Kulturkreise an[4]), nur Tyrus hält seine Schätze noch verborgen, sonst kommen besonders die Küsten- und Hafenplätze des mittelländischen Meeres in Betracht: Sidon, Byblos, Tripolis, Tortosa, Cypern, Malta, Corsica, Palermo. Schon das Material — teils als besonderer Luxus parischer Marmor, teils gelegentlich einheimischer Kalkstein — beweist zur Genüge, dafs nur die Form aus Ägypten entlehnt ist, die Ausführung aber meist griechischen Künstlern verdankt wird, so dafs sie vermöge dieser klassischen Technik nicht umsonst eine Zierde unserer Museen bilden.[5])

Die jüngsten Exemplare dieses Typus hat uns Nordafrika[6]) bescheert. Es sind zwei Ossuarien, in denen vornehme Priester bestattet sind. Das ältere, das eines gewissen Baalsillec, le Rab, gehört nach dem punischen Schriftcharakter der phönizischen Lettern in das III. oder

---

1) Annales du service des antiquités de l'Égypte tom. I S. 162.

2) A. a. O. S. 189.

3) Minutoli, Reise z. Tempel des Jupiter Ammon Taf. 35—37.

4) Genaue Aufzählung bei Reinach, Une nécropole royale à Sidon p. 154 ff.

5) Vgl. bes. den schönen Kopf in Berlin, Mertens Aeg. u. vorderas. Altertümer 1895 pl. 84, der im Stile mit den olympischen Skulpturen verglichen worden ist.

6) Musées de l'Algérie el de la Tunisie: Musée Lavigerie de Saint Louis de Carthage pl. IX. X. S. 92 ff.

II. Jahrh. v. Chr. (0,45 m L., 0,315 H, 0,30 B). Es besteht aus einem rechteckigen Kasten, mit oben und unten vorspringenden Plinthen. Der Deckel ist giebelförmig. Auf ihm liegt eine flache Platte, der Form nach den Umrissen der Figur entsprechend. In sie ist in Flachrelief mit derben Zügen die Gestalt eines bärtigen Mannes mit Turban und langen Gewändern eingemeißelt. Der Kopf ruht auf zwei Kissen. Denselben Typus zeigt das andere Stück (0,44 L., 0,40 H., 0,21 B.), nur ist die Figur in Hochrelief statuarisch gebildet. Die sorgfältige Arbeit an Kopf und Bart zeigt, daß das Stück nach klassischen Vorbildern gearbeitet ist und einer jüngeren Zeit angehört. Wir finden hier also eine interessante Verschmelzung der Thekeform mit der anthropoiden.

Es ist kein Zweifel, daß nur die Reichsten den Luxus eines solchen Kunstwerkes sich gestatten konnten. Wir finden daneben, von den großen Schichten der Bevölkerung benutzt, sowohl in Syrien wie Kleinasien zunächst die Felsengräber, auf die hier einzugehen nicht der Ort ist, ferner jene Gattung von Grabdenkmälern, die in den mannigfachsten Formen uns begegnet und die wir am allgemeinsten als turmartige bezeichnen können.[1] In Phönizien, wo sie den Namen Meghâzil führen, dienen sie nur als $\sigma\tilde{\eta}\mu\alpha$ für die unter der Erdoberfläche liegende Grabkammer. Als solche haben sie meist die Form eines Turmes. Daneben kommt aber besonders in Syrien eine Form des Grabdenkmals häufig vor, wo auf einem mehrstufigen Unterbau sich eine sarkophagartige große Kufe mit schrägem, giebelförmigen Deckel erhebt.

Diese Formen begegnen uns wieder in Kleinasien[2], zunächst in dem am nächsten gelegenen Lycien. Auf das prächtigste finden sich hier die turmartigen Grabmale ausgebildet, man denke nur an das berühmteste, das sogenannte Nereidenmonument. Der gewöhnlichere Typus, der sich nur auf Lycien beschränkt, dessen Vertreter man aber auf 2000 schätzt, ist der pfeilerartige.[3]

Diese wie Pfeiler sich erhebenden Bauten bestehen aus einer Kufe, die imstande ist die Mitglieder einer Familie — einen auf den anderen gelegt — aufnehmen zu können, und einem gewölbten Deckel, der beweglich ist. Die Architektur ist wie bei den Façaden der Felsengräber dem Holzstile entlehnt, die Schmalseite imitiert die Hausfaçade, mit Tür- und Fensteröffnung.

1) Vgl. Perrot-Chipiez III. p. 151 Fig. 94—99, 113.
2) Typische Beispiele für Karien J. H. S. XVI. 1896 S. 258.
3) Benndorf Österr. Jahrb. III. 1900 p. 101 ff.

Gelegentlich sind diese Denkmäler zweigeschofsig und bestehen aus einer Grabkammer, die sich auf einem Stufenbau erhebt, dem ὑποσόριον, der der Dienerschaft zur Ruhestätte dient, und einem grofsen bedachten Sarkophagkasten, καλυβή geheifsen.[1]

Zur höchsten Vollendung gedeiht diese lykische Grabarchitektur unter dem Einflusse der in ihrer Blütezeit stehenden griechischen Kunst. Eines der schönsten Denkmäler, die uns die Funde von Sidon bescheert haben, der 'Lykische' Sarkophag ist ein beredtes Zeugnis dafür. Der Form liegt die der lykischen Sarkophage zu Grunde. Die Kufe verjüngt sich nach oben, über ihr wölbt sich ein hoher Deckel mit den beiden zunächst steil, dann sehr scharf sich zuzammenbiegenden Seitenflächen, deren Querschnitt die charakteristische lykische Form, den Spitzbogen, ergiebt (χελώνη).[2] Aber der parische Marmor weist schon auf die griechische Ausführung. Dies bestätigt die geringe Verwendung des Pseudoholzstiles, die sich auf die, auf jeder Seite des Daches hervortretenden Balkenenden, die gelagerte Löwen tragen, beschränkt und die vollendeten Reliefs, die zwischen einer einfachen durch stehen gebliebenen Rand gebildeten Umrahmung angebracht, die hohe Schönheit des Parthenonfrieses uns in Erinnerung bringen. Die Ornamentik ist auf das Äufserste beschränkt, um die Künstler zu vollem Worte kommen zu lassen, eine einfache Profilierung der Basis, ein Eierstab mit Astragal, wo der Deckel sich abzuheben beginnt und eine Firstpalmette, an beiden Seitenfronten aus einem Akanthosblatte sich erhebend, wie auf attischen Grabstelen.

Umgekehrt erweist sich der griechische Einflufs auf die lykische Kunst durch das Bild eines lykischen Grabmales, das wir auf einer attischen Lekythos finden.[3]

Werfen wir noch einen Blick auf das übrige Kleinasien. Am reinsten bewahrt Phrygien, besonders im V. und IV. Jahrh. seine ursprüngliche Eigenheit, hier kommen hauptsächlich Felsgräber vor, die aber, wie Körte[4] jüngst nachgewiesen hat, auf das Strengste von ähnlichen sepulkralen Bauten zu trennen sind. In Lydien und Carien finden sich Totenbetten, die zur πρόθεσις verwandt wurden. Wo sie sich in einfacherer Weise in Phrygien vorfinden, sind sie wahrscheinlich aus Lydien übernommen.

---

1) So belehrt uns ein Epigramm Weifshäuptl, Grabgedichte p. 63. (Anthol. VII. 179).

2) Benndorf, Reisen in Lykien II. inscr. Nr. 35.

3) Athen. Mitt. XV. 1890 S. 46, Taf. I.

Bemerkenswert sind auch die Reste von Holzsärgen, die sich in verschiedenen Gegenden gefunden haben, ohne daß sie zeitlich genauer

Figur 1. Sarkophag von Golgoi.

fixiert werden können. Vor allem kommen dabei die Kammergräber auf Samos inbetracht, die uns in so mancher Hinsicht interessante

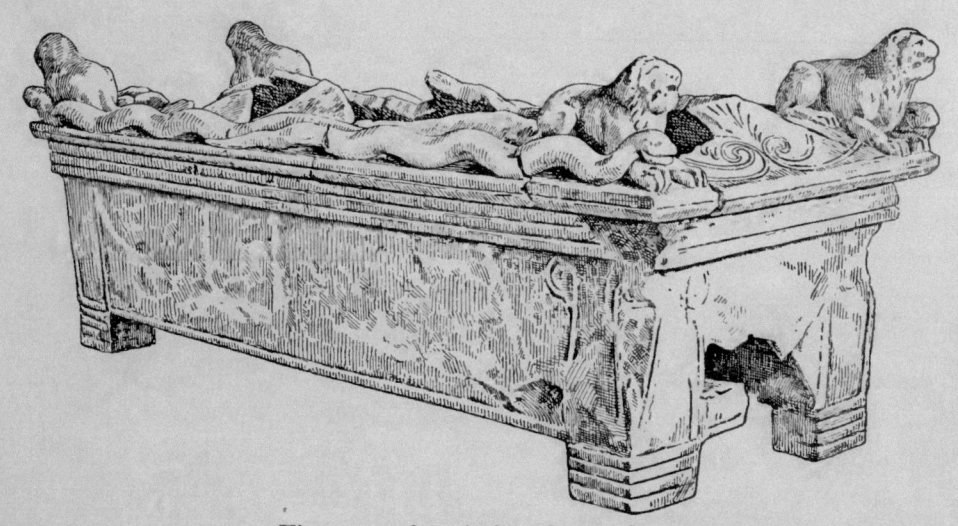

Figur 2. Cyprischer Sarkophag.

Sarkophage beschert haben.[1]) Von der ionischen Kultursphäre ist besonders Klazomenae mit seinen oblongen reich bemalten Thon-Sarkophagen[2])

1) Joh. Boehlau, Aus ionischen u. italischen Nekropolen 1898.

2) M. Meurer, Arch. Jahrb. 1902 Heft 3, macht es wahrscheinlich, daß sie bei der Leichenfeier, ähnlich den ägyptischen Sarkophagen, aufrecht gestellt

zu nennen, bei denen man heute fast allgemein das ursprüngliche Vorhandensein von dachförmigen Deckeln annimmt.

Eine Sonderstellung nehmen die Sarkophage von Cypern ein (Fig. 1—3), das teils griechischen, teils assyrischen Einflüssen unterliegt. Der Sarkophag von Golgoi [1]), aus Kalkstein, besteht aus einem flachen, nach oben zu sich erweiternd ausgewölbten Kasten, der auf vier flachen Füßen ruht, und einem auf allen Seiten schräg abfallenden Deckel, dessen Seitenflächen gleichfalls gewölbt erscheinen. Die Dachplatte springt über einer durch Hohlkehle hervorgerufenen Profilierung des Kastens stark hervor. Auf den Ecken des Daches ruhen kauernde Löwen.

Diesem Sarkophag ähnlich ist ein von Ohnefalsch-Richter zuerst

Figur 3. Sarkophag von Amathus.

publizierter [2]), dessen jetzt arg zerstörter Deckel einst dieselbe Form besessen haben muss. Hier sind an den Längsseiten des Daches Schlangen angebracht, an den Ecken gleichfalls Löwen, zwischen denen ein Palmettenornament verläuft.

Dasselbe Dach mit geflügelten Sphinxen bekrönt ist bei dem Sarkophag von Amathus vorauszusetzen, von dem nur der Kasten erhalten ist.[3]) Derselbe, aus griechischem Marmor, zeigt die Reliefs in starker Ornamentumrahmung, an den Seiten mit assyrischen Palmettenmustern verzierte Pfeiler, die an die Pfosten eines Bettes erinnern, unten ein Eierstabornament, oben ein System von Blüten, Lotos und Stabornament, unterbrochen von einem Astragal. Das Ganze erweckt den Eindruck einer reich geschnitzten Truhe.

---

1) Atlas of the Cesnola Cypriote Collection pl. LXXIV; Perrot-Chipiez III Fig. 419—421.

2) Kypros Taf. CXX. 3.

3) Atlas of CXLIX. Perrot-Chipiez III Fig. 415—418.

2. Hausform.

Schon bei den ägyptischen Sarkophagen, mehr noch bei den lykischen und cyprischen, haben wir starke Anklänge an die Architektur und den Schmuck des Wohnhauses gefunden, eine Beziehung, die um so leichter verständlich ist als auch in der Sepulkralpoesie der Sarkophag gern als die Wohnung des Toten bezeichnet wird. So sehr dies für freistehende Sarkophage passend ist, um so widersinniger kommt es uns vor, wenn diese Form, türlos wie ein Haus gebildet und gar mit Säulen und Pilastern verziert, für die eingebauten Sarkophage beibehalten wird.[1)

Obigen Begriff noch zu steigern, aus dem Hause einen Tempel, ein Heroon zu machen und diesen Gedanken in die vornehmste Form zu kleiden, fiel wiederum dem griechischen Kulturkreise anheim. Schlicht und wirkungsvoll ist dies auf einem Sarkophag von Samos[2)] zum Ausdruck gebracht. In streng architektonischem Aufbau wird das Bauwerk von zehn ionischen Säulen getragen, je zwei auf den Schmalseiten, je drei auf den Langseiten in gleichen Zwischenräumen.

Wie Wiegand nachweist, ist die Form der Säulenbasen mehr kleinasiatisch-ionisch, als attisch. Die vier Wände des Behälters sind von einer 10 cm breiten Leiste umrahmt. Der Dachrand, dessen vertikaler Teil mit einem steifen Blattstab verziert ist, springt 4 cm über den Kasten hervor. Die volutenförmigen Akroterien an den Ecken mit ihren kleinen Zwickelpalmetten, der strenge Firstschmuck, die subtile Technik des lineararbeitenden Meißels finden ihre Analogie an attischen Denkmälern des VI Jahrhunderts.

Jünger ist der Holzsarkophag von Panticapeum.[3)] Abgesehen von dem fehlenden Deckel haben wir in ihm ein genaues Abbild eines ionischen Tempels. Die Cella mit Anten hat 7 Säulen auf den Langseiten, je 3 auf den Schmalseiten, drei Stufen führen zum Tempel hinauf, der oben mit einem Architrav bedeckt ist. Hinter den Säulen in ihrer

---

1) Vgl. für Pisidien Lanckoronski S. 69 ff.
2) Athen. Mitt. XXV 1900 S. 208 ff. vgl. 1893 S. 224. Boehlau S. 9.
3) Abgebildet Nécropole p. 242 Fig. 64. — nach Compte rendu pour 1875.

halben Höhe lief eine Balustrade mit Gitterwerk; in den freien Flächen darüber, zwischen den Säulen, waren ehemals Niobidenfiguren angebracht.

Das vollendetste Denkmal dieser Gattung, welche das Haus des Toten wie ein Heroon darstellt, ist der Sarkophag der Klagefrauen in Sidon. Ohne Zweifel ahmt der Sarkophag ein wirkliches tempelartiges Mausoleum nach, wie sie besonders auf kleinasiatischem Boden entstanden sein mochten. Daſs es auch in Attika grössere Grabtempel vereinzelt gegeben hat, von denen allerdings nur geringe Spuren nachweisbar sind, zeigt eine übrig gebliebene Metope, sitzende klagende Frauen darstellend, von den daneben angebrachten Triglyphen umrahmt, die nur von einem ähnlichen Monumente stammen kann.[1]

Der Sarkophag ruht auf einem hohen Sockel, der im Profile eine starke Kohlkehle zeigt, die mit Jagdscenen gegen wilde Tiere, wie ein rings herumlaufendes Band, geziert ist. Die untere Plinthe schliesst mit einem lesbischen Kyma ab, die obere ist sehr einfach gestellt und nur einmal abgekantet. Sie dient zugleich als Stylobat für den Tempel, der als Antentempel gebildet ist und 5 Säulen an den Langseiten, 2 an den Schmalseiten zeigt.

Etwas einspringend erhebt sich darüber der ionische Architrav, mit einem feinen Eierstab abschliessend, und darauf der dorische Zahnschnitt und das besonders gearbeitete Dach. Dieses erscheint nach den Schmalseiten zu giebelartig gestaltet. Diese Architekturform durchbricht ein kastenartiger, zwischen den Seitengiebeln angebrachter Aufsatz, der wohl weniger wirklicher Gewohnheit entstammt, als nur als Kollektivfläche für einen langen Zug von Wagen dienen soll. Der Künstler konnte sich überhaupt mit Anbringung von Figuren und Ornamenten nicht genug tun. An den Giebelseiten sind über diesen auf der Kastenwand trauernd sitzende Figuren sehr geschickt eingefügt, auch die Giebel sind mit solchen gefüllt. Die wirkliche Architektur hat die üblichen Wasserspeier, die Ecksirenen und Palmettenakroterien hinzugesteuert. Den Hauptreiz gewinnt aber das Monument erst durch die trauernden Frauengestalten, die in dem Leben abgelauschten Stellungen zwischen den Säulen erscheinen, bald stehend, bald auf der in mittlerer Höhe laufenden Balustrade sich anlehnend. Gerade die Art, wie die Figuren sich dem architektonischen Rahmen einfügen, ist hier charakteristisch, denn die Architektur ist nicht blosses Beiwerk, sondern der Künstler sucht sich damit abzufinden. Dasselbe Bemühen stellt sich hier vor

1) Wolters Athen. Mitt. XVIII. 1893 Taf. I; Reinach, Nécropole p. 245; Jolwarle, die attisghen Gräber d. Blütezeit S. 134.

Augen, wie bei den Giebelkompositionen des V. Jahrhunderts, bei den manigfachen Versuchen der Vasenmaler, ihre Gruppen dem äusseren Gefüge unterzuordnen, und dieses Gefühl für architektonische Wirkung, wie es uns besonders auf den Grabreliefs des V. und IV. Jahrh. begegegnet, pflanzt sich fort bis in die Kaiserzeit.

Ein leider vereinzeltes Beispiel, wohl sicher aus Griechenland selbst stammend, wenn auch die Tradition uns im Stiche lässt, ist der Wiener Amazonensarkophag[1]), der dem Ausgange des IV. Jahrh. angehört. Hier tritt die Architektur bereits so zurück, dass sie nur die Hausform in ihren wesentlichsten Elementen betont. Auf einer um den Sarkopag laufenden Randleiste erheben sich an den Ecken stark nach oben verjüngte dorische

Figur 4. Amazonensarkophag in Wien.

1) Robert, Sarkophag-Reliefs II. Taf. XXVII. Robert v. Schneider. Die Antiken-Samml. d. Allerh. Kaiserh. Taf. IX u. X. p. 5. Der Marmor stammt aus dem Oinusthale bei Sparta.

Parastaden mit ionisch-attischen Basen, deren unterer Torus stärker aus-
ladet als der obere. Am oberen Rande der vier Seiten läuft ein dem
Kapitell entsprechendes Kyma. Der Deckel hatte vermutlich die
Gestalt eines Giebeldaches.

Ohne Frage bildet die Architektur hier nur den wirk-
samen Hintergrund, auf
dem die Hauptdarstellung,
ein Kampf zwischen Grie-
chen und Amazonen, das
alte immer wiederkehrende
Motiv der Blütezeit, sich
auf das lebendigste abhebt.
Beispiele aus der Kaiser-
zeit, wie der Achilleus
Sarkophag in Petersburg,
der lykische Kindersarko-
phag und die grichischen
Eroten - Sarkophage zeigen
uns am schlagendsten, wie
gerade der ursprüngliche
Reiz des streng architek-
tonisch gegliederten Auf-
baues allmählich verloren
geht und der Rahmen der
Komposition zum Opfer
fällt.

Noch in anderer Hin-
sicht zeigt uns der Wiener
Sarkophag eine griechische
Eigentümlichkeit: die gleich-
mäßige Bearbeitung aller
vier Seiten, in der Weise
gewöhnlich durchgeführt,
daß die Hauptseite mit der
rechten, die Rückseite mit
der linken Schmalseite zusammengeht.

Figur 4a. Die Schmalseiten.

Matz hat in seinem glänzenden
Aufsatze über die griechischen Eroten-Sarkophage die Vermutung aus-
gesprochen, daß der Grund in der Aufstellung im Freien auf erhabenem
Sockel beruhe. Mir sind seit kurzem Bedenken gegen die Wahrheit

dieser Behauptung, die allgemein Eingang gefunden hat, aufgestiegen. Das Grab von Kephisia[1]), einer der seltenen Fälle, wo es uns beschieden war, eine griechische Grabstätte in ihrem ursprünglichen Zustande aufzudecken, zeigt die 4 darin enthaltenen Sarkophage derartig aufgestellt, daß die vierten Seiten nirgends sichtbar waren. Selbst der vermutlich zuerst aufgestellte Sarkophag, gerade gegenüber der Tür, dem man auf einer Marmorleiste einen unverrückbaren Stand sichern wollte, ist nur auf drei Seiten sichtbar. Dafür spricht auch die ganz besondere Vernachlässigung der Rück- und einen Schmalseite bei dem Wiener Amazonensarkophag.[2]) Vielmehr liefert uns die Entwickelung des ionischen Tempelfrieses die Erklärung. Jede Komposition einer ununterbrochenen, zusammenhängenden Figurenreihe, die sich auf vier Seiten verteilt und den Beschauer zwingt, sich in einer bestimmten Richtung fortzubewegen, schließt natürlich eine zentralistische Gruppierung aus, wenn sie die Einheitlichkeit nicht stören will. Beim Parthenonfries hat man sich damit geholfen, daß man die Göttergruppe auf die Ostseite und nun genau entsprechend auf Süd- und Nordseite den Festzug sich entwickeln läßt, die Westseite aber nicht teilt, sondern in einer Richtung, an die nördliche sich anschließend, folgen läßt. Bei dem Tempel von Phigalia füllen die westliche Lang- und die nördliche Schmalseite der Kentaurenkampf, die beiden anderen die Amazonenkämpfe mit der letzten Platte auf die westliche übergreifend. Noch klarer liegt diese Komposition bei einem Rundtempel, dem Lysikratesmonument zu Tage, wo in der Idee eine Zentralgruppe, der hingelagerte Dionysos vorhanden ist, an den sich eine sitzende Figur, eine zweifigurige Gruppe, eine einzelne Figur, eine dreifigurige Gruppe, eine Figur und Delphin, zwei zweifigurige Gruppen anschließen, zuletzt ein Delphin die beiden verbindet. Brächten wir diesen Fries auf eine vierseitige Fläche, so hätten wir genau dasselbe Prinzip, Vorder- und Schmalseite entsprechen den beiden anderen. Denn der Zweck, den der Künstler verfolgt, ist nur der, dem Beschauer die Übersicht über zwei Seiten auf einmal zu erleichtern, sie bilden ein gemeinsames Ganze.

Eine Steigerung erfährt diese Responsion der Seiten bei unserem Sarkophag noch dadurch, daß die gegenüberliegenden Seiten identisch sind.[3]) Wenn diese Identität sich sonst nirgends wiederfindet, so scheint mir dies nur an dem Mangel uns erhaltener Exemplare zu liegen. Denn,

---

1) Arch. Ztg. 1868 S. 36; Robert Sarkophagreliefs II S. 9.

2) Die sog. Sarkophaggräber verdanken gerade dem Umstande ihre Benennung, daß diese aus Platten bestehenden Sarkophage im Boden liegen; vgl. unten S. 27. 3) Vgl. die Fig. 4a abgebildeten Schmalseiten.

Figur 5. Musensarkophag in Siena.

wie eine Vermutung Arndts es wahrscheinlich macht, haben wir es in dem Musenrelief in Siena[1]) tatsächlich mit einer Vorderseite eines derartigen Sarkophags zu tun, zu dem das linke Eckstück der genau entsprechenden Rückseite sich angeblich in der Krypta des Vatikans befindet.[2]) Es ist uns außerdem in der oben Fig. 6 abgebildeten Zeichnung Treshams erhalten, der nur irrtümlich aus einer Muse einen bärtigen Mann gemacht und den Jüngling unter Fortlassung der Leier als Mädchen gezeichnet hat. Das Relief ist auf beiden Seiten von Pfeilern eingerahmt, so daß wir auch hier ein Giebeldach erwarten und in diesem Sarkophage ein weiteres Beispiel dieser Klasse sehen dürfen.

Ehe wir uns den Sarkophagen der späten Kaiserzeit zuwenden,

1) Röm. Mitt. VIII, 1893, Taf. II—III.

2) Bei Raoul Rochette Mon. Inéd., Taf. XXV, 1; Robert 20. Hall.

müssen wir einen Blick auf den Westen werfen, wo wir in Etrurien zahlreiche Beispiele der Hausformgattung finden. Sie sind uns ein Zeugnis von dem realistischen Sinne, den die Etrusker mit den Ägyptern gemeinsam haben, dem sinnlich sehenden naiven Auge, das sich an der Nachbildung des wirklichen Lebens erfreut. Die Empfänglichkeit für das Farbige, der Mangel an Durchbildung abstrakter Vorstellungen, an neu geschaffenen Göttertypen ist uns bei den Etruskern ein Beweis dafür.

Sarkophage anthropoider Art haben sie nie geschaffen, dagegen treten uns schon in den ʽtombe a pozzoʼ die sogenannten Hüttenurnen (ʽa capannaʼ) entgegen, die nach ihren geometrischen Verzierungen in das VIII.—VII. Jahrhundert gehören. Sie ahmen getreu die Hütte mit

Figur 6. Zeichnung Treshams nach dem Fragment von der Rückseite.

einem einzigen Raume, einer Tür und großem Giebeldache nach, dessen Sparren sich beim Firste überkreuzen. Diese Urnen, die noch in die Zeit fallen, wo die Sitte der Verbrennung allgemeine Anwendung fand, sind uns Zeugen, daß hier fern von fremden Einflüssen die Hausform als Aufbewahrungsort der Reste der Toten üblich war.

Trotzdem alsdann im VI. und V. Jahrh. die orientalischen Einflüsse rege wurden und die griechische Kunst bei ihnen Eingang fand, deren Eintritt wir allegorisch in der Ankunft der korinthischen Künstler Ekphantos, Diopos, Eucheir, Eugrammos erkennen [1]), blieben sie konservativ in der Form der Grabbehälter.

---

1) N. H. XXXV. 16. 152.

Diese alte Hausform zeigt uns vor allem der Sarkophag von Bomarzo [1]) im British Museum, wo über den Kasten das Dach vorspringt, wie bei einem toscanischen Tempel des V. Jahrhunderts. Man vergleiche nur das bekannte Relief des Berliner Museums [2]) und eine Aschenkiste in Florenz [3]), und man wird die Übereinstimmung mit der Schilderung des Vitruv [4]) finden. Auch der Sarkophag zeigt weibliche Masken an der Aufsen-seite der Mutuli befestigt, oben auf dem Dachfirste ruhen ein Paar in-einandergewundene Schlangen, während Sphinxe den Abschlufs der Bekrönung nach den Seiten hin bilden.

Schon weniger tritt diese Tempelform in dem Sarkophag von Corneto (jetzt in Florenz) [5]) hervor, dessen Kasten aus Alabaster, dessen Deckel aus Marmor gefertigt ist: Dorische Pilaster tragen den mit Eierstab und lesbischem Kyma gezierten Architrav. Anstatt der Reliefs sehen wir Gemälde in Temperafarben, Amazonenkämpfe darstellend [6]), der Deckel hat Dachgestalt und zeigt je einen weiblichen Kopf als Antefixum an den Ecken, an den sich in den Giebeln der Schmalseiten je eine stili-sierte Palmette anschliefst. Die Mitte des Giebels ist durch eine Gruppe ausgefüllt: Actaeon von den Hunden zerrissen, sein Kopf bildet zugleich das Mittelakroter. Im Gegensatze zu der Feinheit und der Lebendig-keit der Gemälde fällt die plumpe Ungelenkigkeit der Gruppe besonders auf und erinnert durch den Kontrast der künstlerischen Kopie nach einem griechischen Originale und der etruskischen Handwerksarbeit an die Ficoronische Ciste.

Dagegen ist bei dem um mehrere Jahrhunderte jüngeren Sarkophag des P. Volumnus Violens [7]) die Tempelform mehr zum Ausdruck gebracht: Die Ecken bilden toscanische Pilaster, darüber befindet sich der Archi-trav und eine Reihe von Plinthen, auf denen das Dach sich erhebt. Dasselbe ist giebelförmig, an den Ecken ruhen geflügelte Sphinxe, die Mittelakrotere bilden Palmetten, ebensolche dienen als Antefixe an den Längsseiten, Löwenköpfe als Wasserspeier. Die Giebel füllen zwei Ranken mit Blüten aus, die in der Mitte zu einem Medusenhaupte zu-sammenlaufen. Die eine Schmalseite zeigt Nachahmung des Mauer-werkes und Doppeltüren, wie an einer Tempelfaçade, die andere sacrale

1) Mon. d. Inst. I. pl. XLII. 6. Mertha, Fig. 154.
2) Beschr. Nr. 1222.
3) Martha Fig. 181, 185, 186.
4) Vitr. III. 3,5.
5) Amleung Führer, p. 187, Mon. dell. Inst. IX, pl. LX.
6) Farbig reproducirt Journ. of Hellenic Studies IV, 1883, Taf. 36—38.

Weihestücke, die Längsseite Bukranien, über die weiter unten zu handeln sein wird. Während also römische Einzelheiten hier stark hervortreten, sind rein etruskische Eigentümlichkeiten bewahrt.

Die Kaiserzeit bricht mit allem diesem. Die Dekoration drängt die Form fast vollständig zurück. Soweit überhaupt von einer Hausform noch die Rede sein kann, ist höchstens die Betonung durch Pfeiler an den Ecken, meist aber nur die Gestaltung des Deckels in Giebelform gemeint. Besonders die Provinzen prägen diese Form selbständig um, die christliche Kunst nimmt sie dann auf und führt sie in den verschiedensten Variationen von der Byzantinischen Zeit bis ins Mittelalter hinein.

3. Die Theke ($\vartheta\acute{\eta}\varkappa\eta$).

Seit Renan hat man sich gewöhnt, eine Klasse von Steinsärgen in Kastenform mit dem Namen $\vartheta\acute{\eta}\varkappa\eta$ zu bezeichnen. [1] Sie findet sich besonders stark in Syrien, Phönizien, aber auch in Kleinasien verbreitet Aus einfachem Kalkstein ohne Verzierungen gefertigt, wirken sie nur durch ihre mannigfachen stereometrischen Formen. Schon der Querschnitt zeigt die Unterschiede: bald flach und breit, bald hoch und schmal Reinach rechnet zu dieser Klasse auch die halbanthropoiden Sarkophage, die äufserlich gewölbt und gewellt sind, ohne auch nur die Form des Gesichtes auszuprägen (Sidon Nr. 17) und die innerlich anthropoiden, die aufsen rechteckig, in der Kastenhöhlung die Form des Menschen nachahmen. [2] Ich scheide sie um so lieber aus, weil die anthropoide Form völlig ungriechisch ist — eine Ausnahme bildet der sog. Satrapensarkophag, der im Innern anthropoid ist [3]), der ist aber auf Bestellung gearbeitet. Eine weitere bilden die eigentümlichen Felseinarbeitungen auf Thera [4]) zur Aufnahme von Aschengefäfsen von Leichnamen, von denen Rofs schon einige Proben publiziert hat: einige von ihnen haben anthropoide Form. Sie sind späthellenistisch bis frührömisch.

Die verbreitetste Form der $\vartheta\acute{\eta}\varkappa\eta$ ist die des Kastens mit giebelförmigem Deckel ($\varkappa\iota\beta\omega\tau\acute{o}\varsigma$) [5]), genau entsprechend den Behältern für Toilettegegenstände und andere Schmuckstücke, wie wir sie in ägyptischen Holzkästchen erhalten haben und auf zahlreichen griechischen Vasenbildern wiederfinden. [6]) Der Gedanke, solche Kästchen mit einem Giebel-

---

1) Mission de la Phénizie, p. 423.

2) Sidon, Nr. 8, und die Samischen, vgl. Böhlau, S. 15, Fig. 8. In Aegypten haben sie den Zweck, anthropoide Holzsärge aufzunehmen, s. Text S. 8.

3) Erst das Christentum nimmt dies wieder auf.

4) Auf sie macht mich Dragendorff aufmerksam.

5) Hesych: $\varkappa\iota\beta\omega\tau\acute{o}\varsigma\ \lambda\acute{a}\rho\nu\alpha\xi\ \xi\upsilon\lambda\acute{\iota}\nu\eta\ \mathring{\eta}\ \sigma o\rho\acute{o}\varsigma.$ Vgl. Ps. Plut. de Iside et Osiride 357 f.

6) Besondere Erwähnung verdient die Darstellung auf dem köstlichen Petersburger Gefässe (Compte Réndu Atlas 1860, pl. I, Stephani 1791); ferner Wien. Vorlegebl., Ser. IV, Taf. 4; ein gemaltes cyprisches Kästchen bei Ohnefalsch-Richter, Taf. 89, 7 = XCV, 3, und die herrlichen, leider so zersplitterten Elfen-

dache zu versehen, liegt so nahe, daſs wir ihn noch heute allenthalben ausgedrückt finden.

Zunächst kommt der Satrapensarkophag in Betracht. Er ist äusserst lang-gestreckt, die Reliefs am Kasten sind tief und lassen wie bei einer Holz-arbeit einen mit Lotospalmetten gezierten Rand stehen (vgl. Riegl Stilfragen Fig. 98). Die untere hervorspringende Plinthe stöſst mit einem les-bischen Kyma, die obere mit Astragal und Eierstab an den Kasten heran. Die Profilierung ist also eine höchst einfache. Das Dach hat die drei Plinthen des ionischen Tempels, sehr kleine leergelassene Giebel und mit Rankenwerk verzierte Eck- und Firstakrotere. Auf der nackten Dachfläche lagern vier rundliche Dachsteine.

In demselben Grabe wie der Satrapensarkophag befanden sich noch 3 andere Sarkophage, von denen zwei (Nr. 13 und 15) in Form und Ornamentik bis auf das Fehlen der Reliefs genau übereinstimmen (vgl. z. B. Reinach S. 41 Fig. 16 die Firstakrotere), während der dritte ganz schmucklos geblieben ist.

Die nächste Gruppe schliesst sich an den sog. Alexandersarkophag, den wir nach Studniczkas Ausführungen [1]) mit Recht Abdolonymos-sarkophag nennen dürfen. Ein Blick überzeugt uns schon von dem Reichtum, mit dem das Monument ausgestattet ist. Das äuſserst reich profilierte, mit einer Hohlkehle und drei Ornamentbändern geschmückte Postament nimmt beinahe dieselbe Höhe wie der Kasten selbst ein. An diesen schlieſst sich ein steiler mit einem Mäander geschmückter Rand an, nur durch eine mit Eierstab verzierte Hohlkehle verbunden. Anstatt, daſs man das Dach hier aufsetzen sollte, finden wir abermals einen im Detail unsagbar fein gearbeiteten Rand sich anschlieſsen. Mit groſser Ueber-legung ist die Aufeinanderfolge von Ornamentstreifen so glücklich ab-gewogen, daſs auf den linearen Mäander ein gewelltes Weinrebenranken-werk folgt. Nun erst folgt der dorische Zahnschnitt, dann ein Eier-stab und damit das Dach. Hier ist wieder alles ins Minutiöse gearbeitet: hinter den Wasserspeiern, in ihren Zwischenräumen sind Köpfe an-gebracht, dieselben in doppelter Entfernung auf dem Dachfirste, die Dachziegel sind mit groſser Natürlichkeit nachgeahmt, ebenso die Löwen an den Ecken und die Giebelakrotere, welche wappenförmig angeordnete Löwengreifen zeigen, zwischen denen aus Akanthos eine zweischichtige Palmette sich erhebt.[2])

---

1) Jahrb. IX, 1894, S. 226.

2) Ein vorzüglicher Marmorsarkophag mit Bemalung findet sich in Kar-thago, er zeigt am Kasten nur oben und unten ein feinbemaltes Ornamentband, der Deckel ist dachförmig, hat Firstakrotere und als einziges belebendes Ele-

Vor allem ist die Ornamentik derart angeordnet, daſs in einer gewissen Abstufung die Hauptbetonung auf dem Relief liegt und trotz des gehäuften Beiwerks der Allgemeineindruck nicht störend ist.

Aus derselben Werkstatt stammen die Theken 4, 5, 6, [1]); die Kastenflächen sind ohne Reliefverzierung geblieben, die Ornamentik ist aber dem Abdolonymossarkophag entnommen, nur hat der Künstler vereinfacht. An den Postamenten ist ein doppeltes Flechtband weniger, an dem Dachrand fehlt die untere Profilierung, das Rankenwerk in den Giebeln erinnert an die Säulenschafte vom Didymaion in Milet.

Äuſserst lehrreich für die Verschmelzung dieser ionischen Theke mit einheimischen Formen ist ein hellenistisch-ägyptischer Typus, von dem sich aus zahlreichen versprengten Bruchstücken ein ziemlich einheitliches Bild gewinnen läſst. Der in Frage kommende Holzsarg [2]) (0,92 m H., 1,98 m L., 0,50 m B.) zeigt eine rechteckige Kastenform, deren oberer Rand von einem gemalten Mäander und einem darüberbefindlichen 'laufenden Hund' abgeschlossen wird. Die Längsseite zeigt ebenso, wie an dem Dache, ein langgestrecktes, vertieftes Feld, das vermutlich für die Hieroglypheninschrift bestimmt war. Über dem Kasten erhebt sich ein Giebeldach, das sowohl an den Seitenrändern, wie auch auf dem Firste, in Holzimitation die runden Dachziegel der Traufrinnen wiedergiebt. Dazwischen saſsen, wie bei den Sidonischen Sarkophagen, Medusenköpfe als Antefixa, wie sie einzeln zahlreich erhalten sind. [3]) Die Giebelfelder waren, wie die Einlaſsspuren zeigen, aus bemaltem Stuck. Sie sind leider verloren, dafür aber zwei entsprechende erhalten. [4]) Diese Stuckfelder zeigen eine auſserordentlich frische Malerei, von griechischer Hand, im Stile des III. Jahrhunderts. Auf einem Akanthosblatte steht eine Sirene mit überkreuzten Vogelbeinen und lang herabhängenden Flügeln. Den freien Raum füllen zarte Ranken, die Blüten und Blätter entsenden. Mit feinem Takt sind als Zeichen des ägyptischen Lokalkolorites nur zwei kleine Papyrosranken hineingestreut. Unten ist das Feld von einem gemalten Eierstab umrahmt. Leider ist es mir nicht gelungen, eine Abbildung dieses köstlichen Stückes zu ermöglichen.

Mit diesen Grabmonumenten uns begnügend, wenden wir uns

---

ment an der Stelle der Traufrinne auf jeder Langseite je drei kleine Akrotere. Vgl. Musées de l'Algérie: Musée Lavigerie, pl. X, 3.

1) Necropole Taf. XXXVIII findet sich eine Zusammenstellung der Profile, dieselben unterscheiden sich nur in der Höhenausdehnung, Nr. 4 ist 1,165, Nr. 6: 1,215, Nr. 5: 1,26 hoch.

2) Maspero guide du visiteur au Musée de Boulaq p. 375 Nr. 5609; Virey Musée de Gizeh p. 115 Nr. 394.

zu den Theken des griechischen Mutterlandes. Es soll damit nicht gesagt werden, daſs diese Form ungriechisch und von Asien übernommen sei. Sie ist voraussichtlich unbeeinfluſst und selbständig entstanden, als ein Produkt, das dieselben Faktoren zur Voraussetzung hat. Die mykenische Zeit begräbt die Toten ohne Sarg, dasselbe finden wir in Attika noch in der Zeit des geometrischen Stiles. Gleichzeitig kommt im Osten die Verbrennung auf. Jetzt braucht man einen Behälter, um die Reste zu sammeln. Man nimmt, was unter dem Hausrate dazu geeignet erscheint, der eine, gerade wie bei Homer, einen Topf der andere einen Kasten.

In dem Hausgeräte spielen eine groſse Rolle zunächst dis πίθοι[1]), jene groſsen Vorratsgefäſse, die besonders jüngst in Knossus zu Tage getreten sind. Daneben finden wir sehr anschaulich auf Vasenbildern die Hydria, in ihr hebt man das Geschmeide und andere wertvolle Gegenstände auf. Sie wird verdrängt durch die λάρνακες, wie im Leben so bei der Bestattung. Eine der jüngsten Stellen des Epos (Il. Ω 795 ff.) ist ein Beleg dafür. Helbig[2]) vergleicht damit ein Bronzegefäſs aus Vetulonia, das oblong mit einem dachförmigen Deckel die Form eines Kastens hat und Knochenreste, in feine Leinwand gehüllt, enthielt.

Dieselben Gefäſsformen finden wir bei der Bestattung verwandt. Zunächst die πίθοι.

Die Sitte, Verstorbene in solchen zu bestatten, läſst sich in Aphidna in Nordattika nachweisen.[3]) Die Gefäſse waren häufig mit Blei geflickt, woraus man schlieſsen darf, daſs sie früher zum täglichen Gebrauche gedient hatten. Aehnliche hat Staïs[4]) in Thorikos gefunden. In der Nekropole am Dipylon haben Pernice-Brückner den Brauch für die Epoche des geometrischen Stiles, wie für spätere Zeit festgestellt. So zunächst in Grab X[5]), einem Kindergrabe einen 70 cm hohen Pithos, dessen Oeffnung durch eine Platte von Glimmerschiefer geschlossen war. In Grab XIX[6]) fand sich ein kolossaler Pithos von etwa 1.40 m Höhe, allerdings muſste der Tote trotzdem in eine hockende Stellung gebracht werden. Um den Leichnam hineinzuzwängen schlug man ein groſses Loch in die Mitte des Bauches, so findet sich ein solches Feld eingeritzt

---

1) Das Material findet sich glänzend gesammelt in dem Aufsatze von Pernice und Brückner, Ein attischer Friedhof. Athen. Mitt. XVIII, 1893 S. 73—191, Taf. VI—IX.

2) Gött. gel. Nachr. 1896, S. 247 ff. Dasselbe ist 0,60 m lang, 0,25 m breit, 0,41 m hoch.

3) Wide Athen. Mitt. XXI, 1896, S. 398. Präcedenzfälle liegen in Ägypten vor.

4) Ephem. arch. 1895, S. 232 f., Taf. XI.

5) l. c., S. 118.   6) S. 133, vgl. auch S. 164.

bei einer nicht benutzten Amphora in Athen (Arch. Ges. Inv. 1427)
Aehnliches hat man bei der Grabstätte nahe dem Menekratesdenkmal
auf Corfu beobachtet, und sicher ist dieser Brauch nicht auf diese
Gegenden beschränkt geblieben.

Von anderen Thongefäſsen benutzte man eine Art Wanne ($\pi\acute{v}\epsilon\lambda o\varsigma$) [1]),
auf die eine gröſsere, aber niedrigere aufgestülpt wurde. Solche Wannen
finden sich auch in mykenischer Ornamentik: auf Kreta [2]) im Bereiche
von Gortyn 4 Ossuarien in Terracotta, deren gröſste nicht ganz 1 m
lang war; ebenso in Milet. [3]) Aber auch auf griechischem Boden, allerdings meist aus jüngerer Zeit, in Attika, Eretria, Sparta, Tanagra. Besonders die oben mit altertümlicher Reliefpressung versehenen Tontröge
aus Tanagra [4]) lassen vermuten, daſs sie ursprünglich einem sehr realen
Zwecke gedient haben und zwar nach dem Abfluſsloche im Boden als
Waschtröge.

Die zweite Art der Bestattung sind die Schachtgräber ($\varkappa\acute{\alpha}\pi\epsilon\tau o\iota$).
Die Gebeine der Toten lagen bei der Auffindung anscheinend ungeschützt
auf der Sohle eines in die Erde gegrabenen Schachtes, dessen Länge
bis 2,20 m, dessen Breite bis 1,30 m betrug. Mehrfach gefundene Nägel,
sowie Holzreste lassen es aber als sicher erscheinen, daſs schon in einer
frühen Zeit Holzsärge ($\lambda\acute{\alpha}\varrho\nu\alpha\varkappa\epsilon\varsigma$) verwandt worden sind. Pernice-
Brückner [5]) haben sehr anschaulich ausgeführt, wie die Schachtgräber
deshalb so lang waren, um den Männern Platz zu lassen, die in der
Grube standen, um den Sarg abzunehmen, wie es uns eine schwarz-
figurige Lutrophoros in Athen [6]) lehrt. Die darauf abgebildete $\lambda\acute{\alpha}\varrho\nu\alpha\xi$
ist ein länglicher mit Füſsen versehener Kasten, dessen einziger
Schmuck in einer oblong vertieften Fläche in der Mitte besteht

Die ältesten, sicher griechischen $\lambda\acute{\alpha}\varrho\nu\alpha\varkappa\epsilon\varsigma$ sind die auf Thera gefundenen Aschenkästen. Sie stammen aus Gräbern des VIII. und VII.
Jahrhunderts und sind aus vulkanischem Tuff gearbeitet. Ihre Form zeigt
eutlich, daſs sie hölzerne Kisten nachahmen. Man braucht sie nur zu
vergröſsern, und man hat den Holzsarg des Vasenbildes gewonnen.

Das hier abgebildete kleine cyprische Gefäſs [7]) gehört in dieselbe
Kategorie. Der Rand ist in derselben Weise behandelt wie bei obigen

---

1) Hes.: $\pi\acute{v}\alpha\lambda o\varsigma \ \mathring{\eta} \ \mathring{\alpha}\sigma\acute{\alpha}\mu\iota\nu\vartheta o\varsigma \ \mathring{\eta} \ \lambda\acute{\alpha}\varrho\nu\alpha\xi$; Pollux X, 150 (Bekker, S. 440).
$\sigma o\varrho o\pi o\iota o\tilde{v} \ \sigma\varkappa\epsilon\acute{v}\eta \ \sigma o\varrho\acute{o}\varsigma \ \pi\acute{v}\epsilon\lambda o\varsigma \ \varkappa\iota\beta\omega\tau\acute{o}\varsigma \ \lambda\eta\nu\acute{o}\varsigma$.

2) Paolo Orsi: urne funebri cretesi dipinti nello stile de Micene.

3) Perrot-Chipiez VI, Fig. 171. 249.

4) Bull. de corr. hell. 1888, p. 508.

5) l. c, S. 186.

6) Mon. dell. Inst. VIII, Taf. 4, 5.

Ossuarien, nur tritt hier noch an den Langseiten eine stützende Säule ver-
mittelnd in Kraft. Auch die Henkel zeigen schon andere Motive, wie überhaupt dieses Terracottastück jüngeren Datums und anderer Bestimmung ist.

Ein von Böhlau [1]) veröffentlichtes samisches Fragment imitiert in
Stein eine Kastenwand, die an den Ecken mit Metallbändern zusammen-
gehalten wird. Sehr ähnlich
ist ein hölzerner Sarkophag,
dessen Fragmente jüngst in
Gordion in Phrygien auf-
gedeckt sind. [2]) Eine von
A. Körte mir gütigst über-
sandte Photographie, die ich
mit freundlicher Erlaubnis
der Entdecker hier publi-
ziere, zeigt zwei schmale,

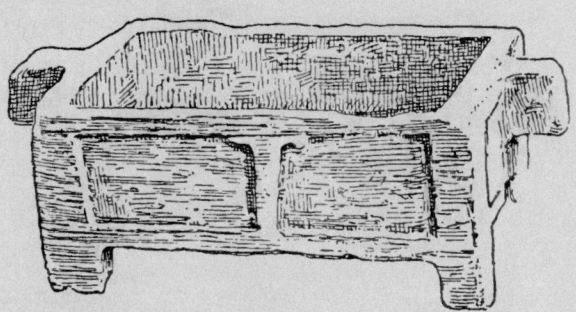

Figur 7.   Cyprisches Gefäss.

in einander verzapfte Streifen, die außer einem schmalen stehend ge-
lassenen Rande abwechselnd horizontal und vertikal geriefelte Felder
abgeteilt zeigen. Die glatten Ränder waren ursprünglich mit Bronze-
buckeln beschlagen. (Fig. 8)

Auch Böhlau fand vielfach
Eisennägel und die oft noch an
ihnen haftenden Holzreste. [3]) Ein
weiteres Beispiel eines Holzsarges
fand Staïs im Grabe H. von
Vellanidesa. [4]) In historischer Zeit
muß die Verwendung solcher
Holzsärge eine ganz allgemeine
gewesen sein, wie die Thukydides-
stelle (II. 34) beweist.

Wenden wir uns jetzt zu den
erhaltenen Holzsärgen. In dem
Museum der archäologischen Ge-
sellschaft in Athen [5]) befindet sich

Figur 8.   Fragment eines Holzsarges
aus Gordion.

ein solcher, der aus dem Piräus stammt. Nach Aussage des Verkäufers

---

1) Aus sam. Nekropolen, S. 14, Fig. 7.
2) Vgl. Arch. Anz. 1901, S. 6; über Fragmente eines anderen hölzernen,
ursprünglich mit Elfenbein verzierten Sarkophages, vgl. a. a. O., S. 9.
3) l. c., S. 19.
4) Deltion 1890, S. 23. Vgl. auch Roß, Aufsätze I, S. 24 u. 28.
5) Juv. $\delta\iota\alpha\varphi$. $\upsilon\lambda\tilde{\omega}\nu$ 296. Pernice-Brückner, S. 186.

soll er in einem Marmorsarkophage gelegen haben. Er ist 1,80 m l., 0,50 m br., 0,45 m hoch. Um den Rand des brettartigen Deckels ist eine profilierte Leiste gelegt, sowie eine feingeschnitzte Perlenschnur.

Der vollendetste ist aber der reich aus Cypresse und Eibe geschnitzte Holzsarg [1]), der in der Krim zu Tage gefördert ist und wohl aus dem IV. Jahrh. stammt. Er ruht auf hohen Füſsen und besteht aus einem niedrigen Kasten, der unten und oben mit Eierstab und Astragalus geziert ist und in der Mitte eine Reihe von abgeteilten Feldern enthält, welche teils mit Triglyphen, teils mit skulpierten Figuren gefüllt sind. Ueber diesem Kasten befinden sich eine Reihe kleiner Quadrate, von einem Ornamentband eingeschlossen, worauf vermutlich ein flacher Deckel folgte.

In einem Falle fanden Pernice-Brückner ein solches Schachtgrab [2]) mit einer feinen Stuckschicht ausgekleidet. Dies führt uns zu jener wahrscheinlich jüngeren Gruppe, deren Seitenwände aus sauber gefügten Steinplatten gearbeitet sind, meist Marmor oder Poros. Gelegentlich (Grab 123) ist auch das Ganze aus einem groſsen Porosblocke herausgearbeitet.[3]) Den Deckel bildet meist eine einzige Platte. Besondere Aufmerksamkeit erregte ein Grab aus Tanagra (ca. III. Jahrh.), dessen Porosplatten innen bemalt waren, ein ähnliches mit sorgfältig bearbeiteten und innen bunt gefärbten Marmorplatten ausgelegt fand sich in Thessalien. [4]) Neue Funde in Kertsch brachten einen innen bemalten römischen Sarkophag zu Tage. [5])

Als dritte Gattung müssen noch die Ziegelgräber Erwähnung finden, die erst im IV. Jahrh. zu allgemeiner Verwendung kommen. Die Grube — auch hier die Hauptsache — war der Länge und Breite des Leichnams entsprechend. In sie wurde der Tote herabgelassen und von oben mit Ziegelplatten bedeckt. Diese gerade oder gebogen, wie sie gerade zur Hand waren, und dachartig gegeneinandergeneigt, wurden nicht besonders für Sepulkralzwecke hergestellt, sondern wie sie beim Hausbau notwendig waren, verwandt. [6])

Alle drei Bestattungsweisen, die Tongefäſse, die Schachtgräber mit ihren Holzsärgen und die Ziegelgräber zeigen die bescheidene, fast ärmliche Art, mit der die eigentliche Bestattung vollzogen wurde, zugleich aber auch den Wert, der darauf gelegt wurde, daſs der Tote resp. seine Ueberreste in

---

1) Antiq. du Bosph. Cim., Taf. 81—82. Die übrigen Taf. 83—84 veröffentlichten Bruchstücke lassen auf die ursprüngliche Form keine Rückschlüsse zu.

2) S. 162; ähnliches führt Haussoullier für Gräber im Kerameikos an.

3) Vgl. Taf. VIII, Nr. 34 - 41.   4) Athen. Mitt. 1899, S. 90.

5) Arch. Anz. 1901, S. 57. Die beste Analogie sind wohl die innen bemalten Brauttruhen aus der Frührenaissance.

6) Vgl. Stackelberg, Gräber der Hellenen, Taf. 7; danach Durm, Baukunst

der Erde selbst ruhte. Hierin zugleich ruht aber auch die Erklärung für die grofse Bedeutung, welche das aufsen errichtete σῆμα hatte, auf dessen ursprünglichste Form den τύμβος [1] wir hier näher eingehen müssen

Selbstverständlich kann von den einfachen Erdhügeln hier nicht die Rede sein, sie sind im Laufe der Zeit verfallen, es handelt sich also nur um solche, die einem festeren Materiale ihre Erhaltung verdanken. Es sind dies aus Lehmziegeln gebaute, im Innern mit Schutt gefüllte, grofse sarkophagähnliche Bauten von 4 m Länge und 2,5 m Breite. Sie gehen vielleicht schon in das VIII. Jahrh. zurück, denn ein solcher Bau fand sich in Vurva unter dem Tumulus. Die architektonische Form, die zur Befestigung oben aufgelegten Steine, der helle Verputz aus Kalk beweisen, dafs dies Denkmal weithin sichtbar sein sollte. Erst unter dem Baue selbst liegt das Brandgrab.

Dieselbe Anlage aus festerem Material, aus Bruchsteinen, zeigen die ältesten Grabanlagen in Vellanidesa.[2])

Aus dem V. Jahrh. stammt das Grabmal [3]), über dem später die Familie des Agathon ihre Denkmäler errichtete. Es ist ein Massiv (8,10 m l., 1,70 m h.) aus ziemlich grofsen, rohen Steinen aufgeführt und an den Seiten mit Stuck verkleidet.

Diese Form müssen auch die Massengräber der im Kriege Gefallenen gehabt haben, die im Laufe des V. Jahrh. errichtet wurden, von denen uns in neuerer Zeit das Grabmal der Marathonkämpfer und das in Rhenaia bekannt geworden ist, während das in Thespiä befindliche zu zerstört ist, um über die Form genauere Aufschlüsse zu geben.

In Attika [4]) sind solche Bauten schon im VII. Jahrh. vorauszusetzen und zwar auf Grund der zahlreichen πίνακες, denen Wolters zuerst ihre Stelle an Bauten aus Holz und Erde nachgewiesen hat. Ebenso ist es wohl gerechtfertigt, mit Wolters, jene bekannte Notiz bei Cicero (de legibus II. 26) auf derartige Denkmäler zu beziehen: Dafs Solon für die Herstellung von Grabdenkmälern nur eine geringe Zeit gestattet habe.

Die Form dieser Tumuli ist also schon im VII. Jahrh. gebräuchlich gewesen und schliefslich soviel Zeit und Luxus darauf verwandt worden, dafs die solonischen Gesetze eingriffen. Erst in spätrömischer Zeit machte man den alten Typus durch solide Ausführung wieder zum

---

1) Vgl. Anth. Pal. VIII, 185; Weisshäuptl, die Grabgedichte der griech. Anthol. Wien 1889, S. 53.

2) Deltion 1890, S. 16 ff.

3) Athen. Mitt. 1900, S. 295.

4) Auch ausserhalb Attikas, auf Samos, haben sich zwei solche Tumuli gefunden.

Luxusbau. Ein solcher, aufsen mit Malereien geschmückt, befindet sich an den Fundamentmauern der Hagia Triada.

Eine interessante Mittelstufe zwischen der Grabstele und dem mit Skulpturenschmuck versehenen Sarkophag, bildet jene Denkmälergruppe auf Paros, die Löwy publiziert hat. [1] Es sind Massengräber in derselben architektonischen Form, wie die oben augeführten Tumuli, nur in einem Falle ist die ausschliefsliche Benutzung des Sarkophages für nur eine Familie gesichert. Dementsprechend ist der äufsere Schmuck des Sarkophages kein einheitlicher, sondern man fügte, ohne um die Raumteilung sich zu kümmern, zu den vorhandenen Bildern neue hinzu, so dafs die Aufsenwände dieser gemeinsamen Gräbertumuli als Kollektivflächen für die Anbringung der Grabstelen- und Gedächtnisbilder und Inschriften dienten, in dem Typus, wie man sie für die Einzelstele zu verwenden pflegte.

Die Gröfse der vier Sarkophage schwankt zwischen 1,87—2,215 m L., 0,72—1,00 m H., 0,93—1,10 m Br. Die Sarkophage standen auf 2—3 m hohen Unterbauten, zu denen mehrere Stufen hinaufführten, vollkommen frei. Die Sarkophage, deren Deckel giebelförmig sind, scheinen hellenistischen, die Reliefs römischen Ursprungs zu sein. In römischer Zeit scheinen auch erst die Unterbauten errichtet und die vierte Seite roh durch eine Bruchsteinmauer aufgeführt zu sein.

Oben auf den Sarkophagdeckeln sind plinthenartige Aufsätze mit mehreren quadratischen Einarbeitungen, die, wie Rofs bei ähnlichen Sarkophagen auf Rhenaia erkannte, zur Aufnahme der Büsten der Verstorbenen dienten, wie dies auch eine etruskische Urne zeigt. [2]

Fassen wir die Ergebnisse [3] zusammen, so finden wir, dafs der über der Erde aufgestellte, durch seine Form und Ornamentik ausgezeichnete Steinsarkophag im griechischen Mutterlande ursprünglich nicht heimisch war, sondern erst allmählich, wahrscheinlich auf dem Wege über die Inseln Eingang gefunden hat. So birgt der Fund von Rhenaia [4] aus dem V. Jahrh. eine Reihe von etwa 30 Porossarkophagen, von denen man vermutet, dafs sie bei der Reinigung von Delos überführt worden sind.

Sofern von griechischen Sarkophagen noch die Rede sein wird, haben wir es nur mit der Kaiserzeit zu tun.

---

1) Arch.-epigr. Mitt. aus Oesterreich XI, S. 179 ff.; cf. Fredrich, Gött. gel. Nachr. 1895, S. 45; Athen. Mitt. 1898, S. 433; Arch. Anz. 1900, S. 23 (Rubensohn). Eine abschliefsende Publikation steht bevor.

2) Micali, Mon. ined. pl. XLVIII, 5.

3) Zu denselben Ergebnissen führen die Funde in griech. Kolonien, z. B. Sizilien; cf. Röm. Mitt. 1892, S. 185, Anm.

4) Athen. Mitt. 1898, S. 361; Thukyd. III, 104.

4. Die κλίναι.

Eine vierte Klasse von Sarkophagen, in der Form der κλίνη, findet sich an den verschiedensten Punkten der alten Welt, in Kleinasien, in Makedonien, auf Euböa und in Etrurien. Ein Zusammenhang läfst sich nicht aufdecken, und es ist wohl eher zu vermuten, dafs diese Erscheinung auf dieselben Ursachen zurückzuführen sind.

Diese Vermutung bestätigt sich durch eine ganz ausgezeichnete Zusammenstellung die R. S. Vollmoeller [1]) über die griechischen Kammergräber mit Totenbetten gemacht hat. Er unterscheidet zwei Arten von Totenlagern: 1. ungegliederte einfache Bänke, aus dem lebenden Fels gehauen oder aus Steinen massiv aufgemauert (1—2,50 m lang; 0,50 bis 1,50 m breit; 0,10 m—0,90 hoch), diese fafst er als Thronsitze oder als Basen für die Prothesisklinen auf; 2. gegliederte Lager, in Form von Truhen oder Klinen, massiv ausgehauen, monolith oder zusammengefügt.

Am klarsten liegen uns diese in Etrurien vor, wir tun deshalb gut, hiermit zu beginnen, zumal zeitlich diese Monumente die ältesten sein dürften.

Dafs sich diese Formen hier entwickeln konnten, liegt schon in den ältesten italischen Grabanlagen, den 'tombe a pozzo, ziro, fossa' begründet. Nichts soll hier die Ruhe des Toten stören, er lebt hier fort. Deshalb ist die Grabanlage wie ein Palast gestaltet, wo alles den Verhältnissen des Lebens entspricht, deshalb umgibt ihn auch das Hausgerät, dessen er sich einst bediente: in den älteren Anlagen bescheidene Stücke, dann reichere Beigaben, eine Flucht von Zimmern, meist um einen gröfseren Mittelraum konzentrisch gruppiert, zahlreiche Möbel und Waffen, ja auch seine Lieblingstiere. [2])

So entstehen gröfsere Komplexe, die sogenannten Tombe 'a corridoio, a cassone', wo die cubicula gleichsam um das atrium angelegt sind. Im Grabe der Tarquinii [3]) in Cervetri hat man durch Malereien die

---

1) Bonn 1901.

2) Auch in griechischen Gräbern findet man einem Kinde sein Lieblingsvögelchen beigegeben.

3) Dennis I, S. 242.

Illusion erwecken sollen, als ständen dort Betten in Alkoven. In der 'tomba di relievi' hat man die Nischen samt den Betten aus dem Tuff herausgearbeitet [1]) und die einzelnen Teile, so besonders die Kopfkissen durch bunte Färbung hervorgehoben. Unter den dreizehn Nischen ist besonders das Bett gegenüber dem Eingange, das lectus genialis [2]), auf das prächtigste ausgeschmückt.

Auch wirkliche Gestelle aus Holz oder Metall finden sich gelegentlich, wie in dem Grabe Regulini-Galassi. [3]) An ihre Stelle tritt der Sarkophag. Daher der wesentliche, durch die Umstände erfolgte Unterschied, daſs die etruskischen Sarkophage fast sämtlich nur auf drei Seiten skulpiert sind, ein Unterschied, der sich gegenüber dem griechischen Sarkophag bis tief in die Kaiserzeit so weit erstreckt, daſs selbst, wenn die vierte Seite eine Bearbeitung erfährt, diese nur ein rein dekoratives Gepräge an sich hat.

Betrachten wir die etruskischen Sarkophage, so repräsentiert die älteste Gruppe, die Terracottasarkophage von Cervetri, ein bekanntlich bei den Etruskern viel verwandtes Material. [4]) Ihr berühmtester Vertreter ist der archaische Sarkophag in British Museum [5]), der wegen seiner ionischen Elemente noch die Verdächtigung seiner Echtheit durch Martha [6]) hat erfahren müssen. Heute erscheint uns dies weniger befremdend oder verdächtig, wo wir so zahlreiche ionische Beeinflussungen der etruskischen Kunst erkennen müssen.

Jener Sarkophag ruht auf vier Sphinxen, von denen aber nur Kopf, Brust, Flügel und Vordertatzen angedeutet sind, das übrige unausgeführt ist. Der niedrige, langgestreckte Kasten hat mit dem Sarkophag von Amathus die beiden Seitenpfeiler gemeinsam, die ein Palmetten-Lotosornament aufweisen. Dazwischen sind auf allen vier Seiten Reliefs eingelassen, die oben ein Stabwerk abschlieſst. Denken wir uns die Zwischenreliefs fort, so erhalten wir eine schmale κλίνη mit breiten Füſsen, wie wir sie gelegentlich auf etruskischen Wandmalereien antreffen. [7]) Den Deckel bildet ein niedriges Polster mit zwei Kopfkissen, auf dem ein aufrecht sitzendes Ehepaar ruht.

Eine jüngere Gruppe von Sarkophagen aus Cervetri, etwa Ende

---

1) Martha, Fig. II zu S. 148. Aufgemauerte Betten gehören im Altertum nicht zu den Seltenheiten, z. B. in Pompeji.

2) Marquardt, Priv. S. 56.

3) Canina, E. M. I, Taf. 51, 57, 1 u. 59, 6.

4) Plin. N. H. XXXV, 160

5) Murray, Terracotta sarc., Taf. IX—XI.

6) S. 350, Anm. 1.

7) Seir. Cervetri Mon. dell' Inst. VIII, Taf. XXXV

des VI. oder Anfang des V. Jahrh., bilden zwei Sarkophage, der eine im Louvre [1]), der andere in Florenz [2]). Sie sind einander so ähnlich, dass sie beinahe aus derselben Form entstanden sein könnten. Hier hat das niedrige Bettgestelle mit seinen geschnitzten Füssen und den Voluten am Pfosten der Kopfseite die Form, wie wir sie auf griechischen Vasenbildern zu sehen gewöhnt sind. Auch die Ornamentik der Bettleiste, ein umschriebenes Palmettenband, ist griechischen Mustern entnommen. Das Betttuch fällt an den Seiten herüber, das Ehepaar liegt lässig hingestreckt und ein wenig aufgerichtet.

Ein zweiter Typus [3]), den uns am besten ein Sarkophag

1) Martha, Fig. 202, Mon. dell. Inst. VI, Taf. 54.

2) Mon. antichi dei Lincei VII, Taf. XIII.

3) Von Milani besprochen, Notiz. d. scavi 1888, S. 222 ff.

Figur 9. Etruskischer Sarkophag mit liegender Deckelfigur. Reliefscene: Untergang der Niobiden.

in Florenz [1]) repräsentiert, findet sich hauptsächlich in Chiusi. Der Florentiner Sarkophag, aus dem V. Jahrh. stammend, zeigt uns das Charakteristische jener Gruppe: einen liegenden, halbaufgerichteten Mann, zu dessen Seite, nach der Front zugekehrt, eine verschleierte Frau sitzt, die Füße auf einen besonderen Schemel stützend. Da Kasten und Deckel aus zwei Stücken bestehen, mußte die Frau aus zwei Teilen gearbeitet werden.

Figur 10. Sarkophag aus Toscanella.

Eine dritte Klasse, die im IV. und III. Jahrh. Mode wird, liebt es, statt des Totenschmauses, der noch dadurch lebendiger gestaltet wurde, daß man die einzelnen Sarkophage in Trikliniumform aufstellte, den ewigen Schlummer zum Ausdruck zu bringen. Besonders Cervetri, Tarquinii, Volci liefern zahlreiche Beispiele solcher Deckelfiguren, so einen Bacchuspriester mit geschlossenen Augen [2]), eine Frau in langem

Gewande [1]), ein Ehepaar friedlich sich umarmend [2]), als schlummerten sie, um bald zu erwachen [3]) (vgl. Abb. 9, Helbig 1170).

Durch diese Betonung der Figuren tritt die Vorstellung des Bettes zurück; je nach Laune schmückt man den Kasten mit Pfosten oder nur mit Reliefs.

Jedoch kann diese sentimentale Sitte nur vorübergehend geherrscht haben, denn man kehrt bald zu der älteren Auffassung der gelagerten Figuren zurück. Der Verstorbene erscheint wie liegend, halb aufgerichtet, aber nicht mehr allein, sondern ringsum von dämonischen, geflügelten Wesen umgeben. Die Bedeutung der Wesen harrt noch wie das meiste, was die Vorstellungen der Etrusker betrifft, der Deutung, auf einem Sarkophag in Perugia [4]) glaubt man eine Furie zu erkennen, auf einem anderen aus Chiusi [5]) erscheint eine ganze Gruppe von Genien, die auf einem besonders darunter angebrachten Postamente stehen, während eine einzelne, geflügelte weibliche Figur, dem Toten zu Füſsen sitzt. Das Bett ist hier aufgemauert, nur die Kissen sind angedeutet, den einzigen Schmuck bilden zwei Seepferdchen. Diese Art von Sarkophagen, besonders zahlreich in Toscanella gefunden — wegen der Torques, die die Verstorbenen um den Hals tragen, können sie nicht höher als in das III. Jahr hinaufdatiert werden [6]) — füllt die Museen mit einer wegen ihrer rohen Ausführung nicht sehr anmutenden Klasse von Denkmälern (s. Abb. 10). Daneben sind diese Sarkophage auch für kleinere Ossuarien in der Form bestimmend, so besonders für die sogenannten Volterraurnen. Die jüngsten Ausläufer sind die wegen ihrer Farbenanmut an die Tanagräischen Terrakotten erinnernden Sarkophage, der Larthia Seianti in Florenz [7]) (Fig. 11) und der Seianti Thanunia in London [8]), beide aus Chiusi stammend, deren Besitzerinnen sowohl derselben Familie, wie die Monumente derselben Werkstatt anzugehören scheinen. Nach einem in dem Florentiner Exemplar gefundenen Jnitial-AS, deren Prägung 217 v. Chr. begann, sind sie in das II. Jahrhundert zu datieren. Der Kasten

---

1) Micali, Storia III, S. 98.

2) Annali 1865, S. 244, 1863, S. 251.

3) Mon. per. serv. pl. LIX 1 = Martha, Fig. 238; Micali, Storia III, S. 98; Canina Etrur. marit. I pl. LX. LXI; Mus. Gregor. I pl. XCII 1, 3; bull. 1876 S. 70 ff.; Mon. dell. Inst. XII Taf. 58; l. c. VIII Taf. 18—20; Martha Fig. 239. 245.

4) Ann. 1860, Taf. N.

5) Mon. dell. Inst. VI, Taf. 60.

6) Milani Mus. d. ant. class. I (1884), S. 8 Anm. 1.

7) Mon. dell. Inst. XI, Taf. I.

8) Ant. Denkm. I, Taf. 20; vgl. auch den Sarkophagdeckel auf dem nicht zugehörigen Sarkophagkasten. Helbig, Führer 1170.

zeigt bereits nicht mehr die Bettform, sondern die Vermischung mit der Altarform, die unten zu besprechen sein wird (s. S. 45).

Figur 11. Sarkophag der Larthia Seianti in Florenz.

Eine fünfte Gruppe, in das II.—I. Jahrh. hinabreichend, bilden

Volumnier.[1]) Gemeinsam ist allen die grofse, beinahe würfelförmige nach oben sich etwas verjüngende Basis. Vier Knöpfe in der Form von Schalen, an den Ecken angebracht, sollen wohl Metallbefestigung andeuten. In einem vertieften Viereck in der Mitte ist jedesmal ein Medusenhaupt angebracht. Ueber diesem Postamente zeigt sich ein Ablauf und ein Architrav, auf dem auch meist die Inschrift angebracht ist. In einem Falle ist das Postament ungewöhnlich künstlerisch verziert, zunächst ruht es auf einer geschwungenen Basis, das Postament

Figur 12. Adonissarkophag im Vatikan.

selbst zeigt in der Mitte eine gemalte Thür in Nischenform, in deren Oeffnung vier Personen erscheinen, links und rechts davon ist statuarisch je ein sitzender Genius angebracht. Auf diesen Postamenten ist einmal eine Frau, auf einem Sessel thronend, dargestellt, sonst der Verstorbene beim Mahle gelagert.[2]) Besondere Sorgfalt ist auf die Füfse der κλίνη verwandt, der Raum dazwischen wird durch das tief bis auf eine Fufs-leiste herabhängende Bettuch ausgefüllt, wie wir es auf unteritalischen Vasenbildern zuerst sehen können.[3])

---

1) Conestabile, il sepolcro dei Volumnii. Ähnliche Ossuarien kamen jüngst in Perugia zum Vorschein vgl. Atti della R. Acad dei Lincei 1899 S. 264 und den S. Helbig 1187. 2) Vgl. die Sepulcralara im Museo Chiaramonti Helbig 160.
3) Millingen I. 59. 60. Élite céram. IV. 106. Arch. Ztg. 1867. Taf. 220.

So wird der kahle Zwischenraum zwischen den Pfosten, der bei der χλίνη als Luftraum entsteht und zur Einsetzung von Reliefs oder Malereien geführt hat, vermieden und dadurch sowohl die Wirklichkeit gewahrt, wie auch die künstlerische Wirkung gehoben. Zu nennen ist hier noch ein bekanntes etruskisches Monument[1]), das den Toten als sterbenden Adonis darstellt, während sein Hund auf einer Fußleiste unten am Bette ruht (Fig. 12).

Soweit die etruskischen Sarkophage, sie bilden eine lange Entwickelungskette, die niemals aussetzt. Wo die χλίναι im Osten erscheinen, setzen sie Felsgräber voraus, so die bekanntesten die phrygischen, die wohl aber erst von den Lydern und Karern übernommen sind. Ihnen nahe stehen die paphlagonischen Felsgräber[2]): auch hier findet eine starke Einwirkung der Holzkonstruktion und gar keine Berührung mit dem griechischen Ionien statt. Wirkliche Klinen mit reichlicher Bemalung in Rot und Grün finden sich in Lydien[3]), eine derselben ist, wenn auch nicht völlig erhalten, so doch rekonstruierbar gewesen[4]), sie zeigen an den Enden je eine ausgerundete Polstererhöhung, getragen von eingebuchteten Klinenfüßen, die nur schwache Andeutungen der ionischen Voluten zeigen. Wie prächtig solche Lager aus den edelsten Metallen hergerichtet wurden, zeigt ja auch die treffliche Schilderung des Grabes des Cyrus[5]), wo die χλίνη von dem eigentlichen Sarkophage geschieden ist. Auch Lycien[6]), Paphlagonien und Pisidien[7]) haben ähnliche Beispiele zu Tage gefördert.

Die Gestaltung des Ossuariums als χλίνη ist wohl erst sekundär,

---

1) Helbig 1187.

2) G. Hirschfeld, Paphl. Felsgräber Abhandl. d. Berl. Akad. 1885. Perrot-Chipiez V S. 196 ff.. Vollmoeller S. 11.

3) Choisy, Notes sur les tombeaux Lydiens de Sardes Revue arch. N. S. Bd. 32 S. 73 ff. u. Taf. 13; Vollmoeller S. 13.

4) Perrot-Chipiez V S. 278 Abb. 178.

5) Arrian Annabasis VI. 29. Ein sehr anschauliches Bild eines solchen Kammergrabes erhalten wir auch in der köstlichen Geschichte von der wunderbaren Rückkehr zum Leben der unglücklichen Philinnion, jener bekannten Erzählung des Phlegon von Tralles (Müller fragm. h. gr. III. S. 613), die Goethes Braut von Korinth zu Grunde liegt. Die literarischen Nachrichten finden sich bei Heuzey und Vollmoeller gesammelt vgl. Ξενοφ. Ἐφεσ. τῶν κατὰ Ἀνθείαν καὶ Ἀβροκόμην Ἐφεσιακῶν βιβλία Ε. 3, 7 u. 8. Χαριτωνος Ἀφροδ. τῶν περὶ Χαιρέαν καὶ Καλιρρόην λόγοι Η. 1, 6—9. Plato de legg. XII. p. 947, B-E (Stallbaum); Petron. Satyr. c. 111, 7.

6) Bes. Antiphellos vgl. Texier voy. en Asie Mineure pl. CXCVII. CXCVIII und das Felsgrab von Myra, Petersen-Luschau, Reisen in Lykien S. 30 Fig. 20.

sie entstand wohl ganz natürlich, um Platz zu sparen und die kostbaren Gestelle durch Stein zu ersetzen.

In Griechenland fanden sich diese Sarkophage zunächst nur in Makedonien. Heuzey [1]) zählt vier solcher Grabanlagen auf, eins mit 2 ziemlich einfachen Monumenten in Palatitza, dann zwei reichere Sarkophage in einer Grabanlage bei Pydna mit den geschnitzten, in der Mitte eingebuchteten Füfsen, wie sie in Griechenland allgemein üblich waren nach den zahlreichen Darstellungen von Betten auf Vasenbildern. Die Voluten an den Köpfen und die reichen Ornamente waren in Wirklichkeit gewifs von eingelegter Arbeit. In dem unteren freien Teile zeigt der eine Kasten einen liegenden Löwen in Relief, der andere eine Schlange. Reste eines ähnlichen Totenbettes fand Delacoulouche in Pella [2]), ein viertes Hypogaeum findet sich in Dion.

Eine grofse Überraschung bereitete dann ein Fund in Eretria [3]), der mehrere sarkophagartige Ossuarien in Klineform zur Kenntnis brachte, die oben ein viereckiges Loch (0,60 m. l., 0,35 m br., 0, 25 m t.) zur Aufnahme der Asche enthielten. Auch hier wieder die mit Palmetten und Voluten gezierten Bettfüfse, deren Form mit einem Fragment aus Telmessus fast völlig identisch ist. Das Grab gehört nach der Dekoration und Form der Inschriften in die zweite Hälfte des IV. Jahrhunderts.

Unzweifelhaft diente diese Art Sarkophage einem bestimmten religiösen Brauche und ist durch den Totenkult zu erklären. Wie man besonders den chthonischen Göttern ϑεοξένια darbringt, woraus die römischen Lektisternia entstanden, so stellt man den Verstorbenen solche lectus auf, die zugleich als Ossuarien dienen. Der richtige antike Name für diese Sarkophage ist λέσχη, wie dies aus der bekannten Inschrift von Camiros hervorgeht: Εὐϑυ⟨τ⟩ίδα ἠμὶ λέσχα τὸ Πραξσιόδο τουφ⟨ά⟩γο τούφυλίδα. [4])

Von griechischen Sarkophagen dieser Form aus jüngerer Zeit ist uns nur ein einziger erhalten, in Knossus auf Kreta (Taf. I und Abb. 13). Der Deckel ist verloren, der Kasten diente als Viehtränke und hatte dementsprechend unten ein Ausflufsloch, oben an den Seiten Einarbeitungen

1) Gaz. des beaux Arts N. S. tom. 7 1873, S. 305—312, 501—514.

2) Berceau de la puissance macedonn, S. 76. Paris 1858.

3) Ephem. arch. 1898, S. 221, Taf. 11; Vollmoeller S. 38. Eine endgültige Publikation steht bevor. Ueber das Kammergrab von Vathia vgl. Vollmoeller, S. 41.

4) C. J. G. Ins I. 709; Dümmler, kl. Schr. II, S. 150; Daremberg-Saglio, S. 1103.

erhalten. Spratt war der erste, der ihn trotz des ungereinigten Zustandes zu würdigen wusste und die Hauptseite in einer Skizze veröffentlichte. [1]

Das Charakteristische an dem Sarkophag ist die Klineform, und zwar sind von dieser vier runde, säulenartige Füſse an den Ecken mit quadratischem Aufsatz und kleiner runder Basis sichtbar. Eine kleine vorspringende Plinthe läuft ringsherum und bietet nur einen schmalen Raum für die wenigen in Relief dargestellten Figuren. Von der Kline fällt in langen Falten das Bettuch herab und dient den Figuren gleichsam als Vorhang, vor dem sie agieren, während von dem eigentlichen Grunde nur ein schmaler Streifen freibleibt. Die Rückseite zeigt nichts davon, nur oben spärliche Reste eines ehemaligen Blattornamentes. Wie wir auf den Totenmahlreliefs gewohnt sind, die Diener in ver-

Figur 13. Die Schmalseiten d. Sarkophages v. Kandia.

kleinertem Maſsstabe zu erblicken, so erscheinen sie auch hier ganz winzig,

1) Travels, S. 44 ff. Erst A. Schiff machte wieder auf ihn aufmerksam, er sah ihn 1900 in Heraklion (Kandia) im Hofe der Metropolis stehen, wo er zu der Sammlung des Syllogos gehörte. Mit der gütigen Erlaubnis der Zentraldirektion des Instituts veröffentlichte ich die Zeichnung Gilliérons, die hier wiederholt wird, in meiner Dissertation.

ΠΟΛΥΒ

Sarkophag von Kandia.

Rückseite.   (S. 39—41).

neben dem zweibeinigen Kredenztische mit geschwungenen Löwenbeinen auf
dem der Nachtisch, Gebäck, Früchte und ein Thymiaterion gestellt sind.
Unter ihm steht ein Brotkorb mit Deckel, rechts nascht eine Maus, links
pickt ein Vögelchen an den Speiseresten. Von den Figuren scheint
zunächst ein nackter Diener rechts etwas auf den Tisch heraufreichen
zu wollen, links mahnt ein Gerippe, dessen Darstellung in der hellenistischen Zeit aufkommt, an den Tod [1]). In den linken Raum sind
zwei Figuren hineingesetzt, zunächst eine weibliche Figur in langem,
weitärmligem Gewand, die zu deklamieren scheint; die linke Hand,
leicht gesenkt, hält eine Rolle, die erhobene Rechte macht einen Gestus
der Bewunderung, den zweiten Finger an den Daumen gelegt, die
übrigen gespreizt. Sie schreitet nach dem Kopfende zu, ihr folgt ein
nackter flötenblasender Knabe. Die ganze anspruchslose Darstellung
ist einfach und ausdrucksvoll.

Die rechte Schmalseite (Fig. 13 unten) zeigt einen auf einem Felsen
sitzenden, bekleideten Sklaven, der seine Linke auf das Knie stützt,
während die Rechte ein eimerartiges Gefäfs anfafst. Die andere Schmalseite
zeigt das Gestell einer Sonnenuhr: auf zweifach sich abhebender Basis ruht
eine kleine Säule mit Aufsatz, darauf eine Scheibe mit Strahlen, der obere
Teil zeigt die vorhin besprochene Beschädigung. Links davon ein
kleiner nackter Knabe, der vermutlich einen Schlauch hält. Die Rückseite ist arg vernachlässigt, ihr einziger Schmuck sind zwei aus kon-
zentrischen runden Platten bestehende Gegenstände mit Buckeln in der
Mitte, die auf einem knospenartigen Halter ruhen. Sie sehen aus wie
Handspiegel, vielleicht sind aber Schalen gemeint. Der Name des Verstorbenen steht auf der Vorderseite unter dem Vorhange $IIOAYBO\Sigma$,
die Schriftform trägt den Charakter des I. Jahrh. n. Chr. Es ist auch
kein Grund vorhanden, nach Ausführung und Formengebung dem
Monumente eine andere Zeit zuzuweisen.

Erst in der Kaiserzeit begegnen uns wieder häufiger $\varkappa\lambda\acute{\iota}\nu\eta$-Sarkophage,
aber sie werden so schematisch behandelt, dafs nur die Deckelfiguren
uns in den einzelnen Fällen beweisen können, dafs wir es mit solchen
zu tun haben. Der Kasten, unten und oben meist durch Ornamentstreifen
eingeschlossen, zeigt Reliefschmuck, das Lager wird nur durch den Deckel
gekennzeichnet. Die Klasse der griechischen und griechisch-römischen
Sarkophage [2]) liebt es breite Matratzen anzugeben und diese mit einer sorg-

---

1) Cf. Treu, de ossium humanorum larvarumque apud antiquos imagini-
bus S. 57. Auch hier, wie sonst in der Antike, ohne Fleischteile, aber mit
der Haut bekleidet.

2) Vgl. Sarkophage II 9 21 25 60 III¹ 60 III² 162 163

fältigen Mühe auszuarbeiten. Breite reich verzierte Gurte halten dieselbe zusammen, während die freigelassenen Teile dazwischen Darstellungen von Kentauren und anderen Figuren, sogar ganze Tierfriese als Füllung enthalten. Die römischen Sarkophage [1]) zeigen den Toten auf einem Bette oder einer einfachen Plinthe, so daſs bei Verlust des Deckels die ursprüngliche Form in den seltensten Fällen erschlossen werden kann.

Die letzten Ausläufer der Kline sehen wir dann in jenen häſslichen späten Palmyräner Sarkophagen [2]), welche gedrechselte Bettfüſse zeigen, zwischen denen die Brustbilder der Angehörigen angebracht sind. Auch auf dem Deckel erscheinen häufig ganze Gruppen von Familienangehörigen im Relief.

---

1) Vgl. Sarkophage III², 220.

2) Strczygowski, Orient oder Rom, S. 18 ff., hat einige publiziert, andere bei Cassas, voyage pittoresque de la Syrie, vol. I Nr. 91, 99, 111, 127, 132. Eine eigentümliche Prothesisdarstellung findet sich auf einem jüngst erworbenen Sarkophagfussstücke der Berliner ägypt. Sammlung, im Typus des Kom el Chougaffagrabes.

5. Altarform.

Im Gegensatze zu dem griechischen Mutterlande und den ionischen Griechen, scheint den unteritalischen Griechen eine dem Altare entlehnte Form von Sarkophagen eigen gewesen zu sein.

Wir pflegen jene viereckigen Altäre, die unter dem Gesimse einen Triglyphenfries tragen, als dorische zu bezeichnen.[1]) Ein solcher Altar aus Sullanischer Zeit ist z. B. der Altar vor dem Tempel des Zeus Meilichios in Pompeji[2]), der in der Nachachmung des Quaderbaues noch die Entlehnung des Motivs aus der Wandarchitektur zeigt.

Älter sind dorische Altardarstellungen auf unteritalischen Vasenbildern. Wir finden hier besonders solche Altäre dorisch gestaltet, die den Uebergang vom Altar zur $\tau\varrho\acute{\alpha}\pi\varepsilon\zeta\alpha$ zeigen.[3])

Aber nur auf einer Altardarstellung[4]) nehmen die Triglyphen den in der Architektur ihnen zugewiesenen engeren Raum ein, auf den übrigen Darstellungen füllen sie die ganze Höhe von der Basis bis zum Gesimse.[5])

Diese beiden Formen finden sich auch bei den Sarkophagen. Die eine zeigt ein in Girgenti befindliches Monument, das älteste dieser Gruppe, das mir nur aus der folgenden Notiz Furtwänglers bekannt ist[6]): „vorzüglicher Marmorsarkophag, aus der zweiten Hälfte des V. Jahrhunderts etwa, gefunden 1886 im 'fondo Valle' nahe dem Meere. Oben herum Metopen-Triglyphenfries, ganz ausgezeichnet feine Arbeit".

Der bekannteste römisch-dorische Sarkophag ist der Scipionensar-

---

1) Pauly-Wissowa Realencyklop. I, S. 1675.
2) Mazois vol. IV pl. VI; Mau Pompei, S. 432, Fig. 255. Dieselbe Form legten Puchstein-Koldewey ihrer Rekonstruktion des Altars des Olympischen Zeus und des Jupiter in Syrakus zu Grunde (Arch. Jahrb. 1896, S. 76; Koldewey-Puchstein, die griechischen Tempel, vol. I, S. 72).
3) Watzinger, de vasculis Tarentinis Diss. 1890, S. 5, Anm. 5.
4) Mon. d. Inst. vol. VI, Taf. 37.
5) l. c. vol. IV, 30; VI, 72, 2. Millingen peint, pl. 14; Raoul-Rochette Mon. inéd. I, pl. 16.
6) Erwähnt wird er von Wiegandt, Athen. Mitt. XXV, 1900, S. 309.

kophag [1]) aus dem Anfange des III. Jahrhunderts (Fig. 14), der aus Peperin gefertigt ist und auf der Längsseite die bekannte Inschrift in dem altnationalen saturnischen Versmaße trägt. Dieselbe ist an Stelle einer weggekratzten älteren getreten, wie man am Originale deutlich erkennen kann. Besonders wirkungsvoll ist das einfach gehaltene Profil. Die Triglyphen sind auch hier auf den oberen Teil beschränkt, die Metopen mit Rosetten ausgefüllt. Darüber zieht sich ein Gesims mit Zahnschnitt hin. Den Deckel schmückt genau wie auf der pompeianischen Ara ein Rundstab, an dessen Enden ionische Voluten aus einem Blätter-

Figur 14. Sarkophag des Cornelius Scipio.

schema herauswachsen. [2]) Diese Verbindung ionischer Voluten mit dorischen Triglyphen, zweier ganz heterogener Elemente, ist nicht selten, im Gegenteil finden sich solche Triglyphen häufig auf ionische Volutenaltäre, Polsteraltäre, selbst auf runde Altäre übertragen, ein Beweis, wie schnell die Stilzersetzung zunächst die Kleinkunst ergreift. [3])

Die andere Form der Triglyphen zeigen die beiden schon oben erwähnten etruskischen Sarkophage aus Chiusi. Bekanntlich finden die

---

[1]) Vgl. Baumeister, Ant. Denkm. d. klass. Altert., vol. III, Fig. 1621. Bücheler carm. epigr. lat. Nr. 7. Helbig, Führer I², S. 73.

[2]) Vgl. den Altar des C. Sext. C. F. Calvinus auf dem Palatin.

[3]) Röm. Mitt. 1890, S. 251; Pompei. Terrac., Taf. XXVII; Mus. Bresc.

Triglyphen in verkümmerter und vielfach mifsverstandener Form am häufigsten ihre Verwendung als oberer Abschlufs von etruskischen Urnen. Verändert sind sie bereits auf den dorischen, spätetruskischen Felsgräbern von Norchia[1]), ganz pfeilerartig gestaltet finden wir sie auf den Sarkophagen aus Chiusi[2]), die wir oben besprochen haben: die als Metopen gedachten Zwischenräume sind abwechselnd mit riesigen Rosetten und Paterae angefüllt. Die eigentlichen Triglyphen sind zu Pfeilern geworden, die oben in Kapitelle auslaufen, wie wir sie an den Gräbern von Cervetri[3]) sehen.

Die Übertragung des dorischen Altares auf Sarkophage geht also, wie uns der Scipionensarkophag lehrt, in die republikanische Zeit zurück. Ein letzter Zeuge jener Form ist ein in Modena[4]) befindlicher Sarkophag, der nach der Form der Buchstaben in das I. Jahrh. vor Christo gehört.[5]) Er zeigt, wie der Scipionensarkophag, die Triglyphen und Metopen auf den oberen Teil beschränkt, bildet aber insofern einen Kompromifs mit den etruskischen, als die Metopen mit Bukranien, Paterae, Blütenkelchen gefüllt sind. Griechisch ist die Art der Responsion der gegenüberliegenden Seiten. Es ist wohl das letzte Denkmal dieser Form, die den das erste Jahrhundert n. Chr. beherrschenden Guirlandensarkophagen weichen mufs.

---

1) Mon. dell. Inst. I, Taf. 48.
2) Ant. Denkm. I, Taf. 20; Mon. d. Inst. XI, Taf. I.
3) Canina Etruria maritima I, Taf. LXVII; vgl. den mit grossen Schilden verzierten Fries an dem Thore von Perugia (arco di Augusto). Baumeister l. c., Fig. 1980; C. I.;L. XI. 1929—30.
4) C. I. L. XI. 904.
5) Malmusi, Museo Lapidario Modenese, S. 20; Dütschke V, 827.

Figur 15. Palazzo Barberini.

6. Die geriefelten Sarkophage (bacellati).

Eine Klasse von Sarkophagen, deren Spuren in die griechische Blütezeit sich hineinverfolgen läfst, sind die ovalen, geriefelten Sarkophage, die uns so zahlreich in der römischen Kaiserzeit begegnen. Ihr griechischer Name ist ληνός. [1]) Woher stammt der Name, die Form und die Art der Dekoration?

Wie das lateinische lacus und alveus, so bezeichnet ληνός alle Arten Behältnisse, die die Form eines Troges haben. Erst sekundär ist die uns geläufige Bedeutung als Kelter.

Bereits für das V. Jahrh. ist die Bedeutung als Sarkophag durch die folgende Pherekratesstelle [2]) zu belegen:

$$\tilde{\eta} \; \mu \dot{\eta} \nu \; \sigma \dot{\upsilon} \; \sigma \alpha \upsilon \tau \dot{\upsilon} \nu \; \mu \alpha \varkappa \alpha \varrho \iota \varepsilon \tilde{\iota} \varsigma, \; \tilde{\omega} \; ' \tau \acute{\alpha} \nu, \; \ddot{\omega} \tau \alpha \nu$$
$$o \ddot{\upsilon} \tau o \acute{\iota} \; \sigma \varepsilon \; \varkappa \alpha \tau o \varrho \acute{\upsilon} \tau \tau \omega \sigma \iota \nu ; \; B. \; o \dot{\upsilon} \delta \tilde{\eta} \tau '. \; \dot{\alpha} \lambda \lambda ' \; \dot{\varepsilon} \gamma \tilde{\omega}$$
$$\tau o \acute{\upsilon} \tau o \upsilon \varsigma \; \pi \varrho \acute{o} \tau \varepsilon \varrho o \nu. \; o \ddot{\upsilon} \tau o \iota \; \delta \dot{\varepsilon} \; \mu \alpha \varkappa \alpha \varrho \iota o \tilde{\upsilon} \sigma ' \; \dot{\varepsilon} \mu \acute{\varepsilon}.$$
$$\varkappa \alpha \acute{\iota} \tau o \iota \; \pi \acute{o} \vartheta \varepsilon \nu \; \lambda \eta \nu o \dot{\upsilon} \varsigma \; \tau o \sigma \alpha \acute{\upsilon} \tau \alpha \varsigma \; \lambda \acute{\eta} \psi o \mu \alpha \iota ;$$

An der Fundstelle dieses Fragmentes [3]) lesen wir einen weiteren Beleg für die Bedeutung aus dem Briefwechsel der Sokratiker Erastos und Koriskos mit Platon:

$$\lambda \eta \nu \dot{o} \nu \; ' A \sigma \sigma \acute{\iota} \alpha \nu \; \tau \tilde{\eta} \varsigma \; \sigma \alpha \varrho \varkappa o \varphi \acute{\alpha} \gamma o \upsilon \; \lambda \acute{\iota} \vartheta o \nu$$

hiermit stimmt auch die allgemeine Erklärung des Wortes in Bekkers Anecdota Graeca (I p. 51, 14) überein:

---

1) Vgl. auch C. Fredrich, Sarkophagstudien, Nachr. d. Ges. d. Wiss. Gött. 1895, S. 4, Anm. 11.

2) Frg. 5, Kock Fragm. II, S. 146.

3) Pollux X. 150; Bekker, S. 440.

ληνούς· οὐ μόνον ἐν αἷς τοὺς βότρυς πατοῦσιν, ἀλλὰ καὶ τὰς τῶν νεκρῶν σοροὺς, ἀπὸ τῆς ὁμοιότητος τῆς κατασκευῆς.

Gelegentlich bezeichnet ληνός auch den Wasserabfluſs, der bei solchen unterirdischen Grabanlagen notwendig war. [1]

Betrachten wir also die Formen der Kelter, mit der unsere Sarkophagklasse den Namen gemeinsam hat. Erst in jüngster Zeit haben wir die Anlage einer solchen Weinkelter, aus dem IV. Jahrhundert etwa, am Westabhang der Akropolis kennen gelernt. [2] Zahlreicher sind ihre Darstellungen auf römischen Sarkophagen.

Was die Form des Keltertroges betrifft, so kommen seltener viereckige Behälter vor. In solchen Fällen sind gröſsere Anlagen voraussichtlich gemeint, die dann nicht monolith gearbeitet, sondern wahrscheinlich aufgemauert sind. [3]

Der gewöhnliche Typus zeigt das Aussehen ovaler Bütten, wie wir sie schon auf griechischen Vasenbildern des V. Jahrh. sehen, wie sie ferner häufig auf Sarkophagen begegnen, wo Eroten den Most aus Trauben treten. [4]

Alle diese Darstellungen zeigen eine langgestreckte nach unten sich verjüngende Wanne, wie sie uns in einfachster Weise ein Berliner etruskischer Sarkophag repräsentiert. [5] Der Saft selbst flieſst bei den Keltern meist aus zwei, gelegentlich aus einem oder drei Löwenköpfen heraus, die auf der Vorderseite wie Wasserspeier angebracht sind. Solche Kufen in den lebendigen Tuff hineingeschnitten sind jüngst in dem alten Satricum [6] zum Vorschein gekommen; eine schöne bronzene Wanne, deren Verwendung nicht aufgeklärt ist, hat uns Boscoreale beschert. [7]

Diese Form der Weinbütte, deren Verzierung in Riefeln und Anbringung von Löwenköpfen besteht, findet sich an zahllosen Beispielen. [8] Wie weit sich die Verwendung von Riefeln zurückverfolgen lässt, lehrt schon der oben erwähnte Holzsarkophag aus Gordion (S. 26 Fig. 8). Dort

---

1) Inscr. Sic. 871; Dümmler, Kl. Schr. II. S. 150, Anm. 1.

2) Athen. Mitt. XX, S. 169.

3) Gerhard, Ant. Bild. 15; Matz-Duhn, Nr. 2756, 2775, 2784; Benndorf-Schoene, Lateran 455; Visconti Mus. Pio Clement. VII, Taf. XI, XII.

4) Klein, Euphronios, S. 3121, Nr. 12—14; Ephem. Arch. 1890, S. 11; Jahrbuch 1896, S. 184, Nr. 23; Athen. Mitt. 1896, S. 227.

5) Beschr. d. ant. Skulpt., Nr. 1300.

6) Arch. Anz. 1899, S. 65.

7) Mon. dei Lincei V, S. 21.

8) Dütschke 153; im Palazzo Barberini [App. 2015]; in den Gärten der Villa Matthei.

sind sie als parallele Rundstäbe in viereckige Felder eingeordnet, hier erhalten sie wegen der gewölbten Form des Behälters eine oben und unten umgebogene Form. In einer Zeit, wo die verschiedensten Techniken bunt durcheinandergehen, läfst sich natürlich nicht mehr ermitteln, von wo die Anregung zu dieser Dekoration ausgegangen ist.

Interessant ist die Verwendung der Löwenköpfe. Wir finden sie an ovalen Sarkophagen, genau an den den Brennpunkten einer Ellipse entsprechenden Stellen, mitten in einer Darstellung. Man hat also statt der Riefeln eine Reliefdarstellung als Schmuck gewählt und dem ursprünglichen Charakter der Form folgend, diese aus dem dionysischen Kreise genommen.[1]

Um die Eintönigkeit dieser grofsen Köpfe zu heben, wechselt man

Figur 16. Endymionsarkophag, jetzt verschollen.

auf der Rückseite mit Medusenköpfen ab, gelegentlich finden sie sich auf beiden Seiten, aber dies ist sekundär.[2]

Eine weitere Entwickelung entsteht dadurch, dafs es die Phantasie des Künstlers reizt, diese starren Löwenköpfe mit einem Leibe zu verbinden, diese in eine Szene zu verwickeln, die bei der Rundung der ovalen Form auf die Schmalseite sich erstreckt. So entstanden wohl

---

1) Matz-Duhn 2754; Dütschke 767; Pio-Clem. IV, 29; Gaz. des beaux arts XX, 240; Mélanges Grecs I, 1, 121; Hettner 367; App. 601, 173, 1430. Eine Ausnahme bildet der sog. Fortunatische Sarkophag mit Darstellung eines Totenmahles. Annali 1863, Taf. QR; ferner der Endymion-Sarkophag. Robert, Sark. III[1], Taf. XXIV, 83; vgl. auch Michaelis, Ancient Marbles, Nr. 229.

2) Dütschke 131, 400; Gerhard A. B., CXII, 2, 3; Matz-Duhn 2258; Canina, Via Appia, Taf. XXXV, Fig. 12; ein Sarkophag in Pisa zeigt vorn Riefelung und Löwenköpfe, auf der Rückseite eine mythische Darstellung, Dütschke 131.

die in unseren Museen zahlreich erhaltenen Exemplare, wo gewöhnlich ein Löwe einen Steinbock oder ein Rind zerfleischt, während hinter ihm ein speerbewaffneter Jäger erscheint. Diesen Typus hat zuletzt Robert[1]) besprochen (danach Abb. 17), und ich kann mich um so mehr begnügen, auf diese mustergültige Darstellung zu verweisen, als es zahllose Beispiele dieser wenig variierten Gattung gibt.

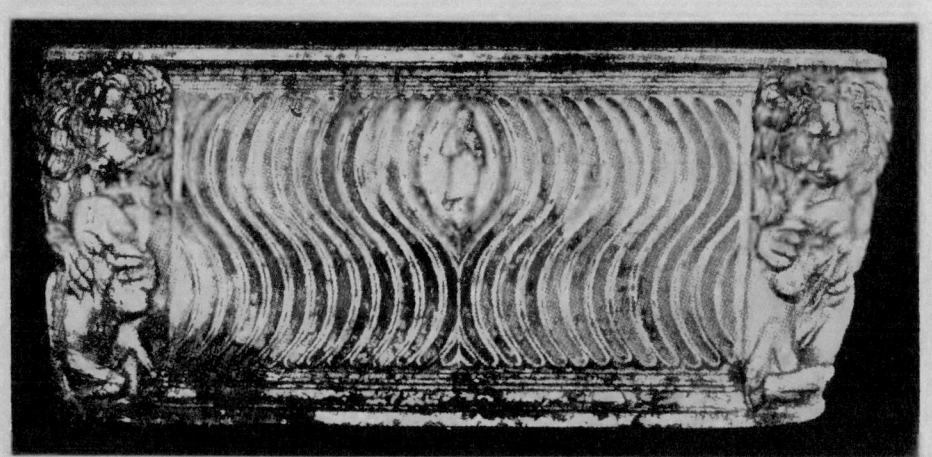

Figur 17. Sarkophag in Clivedon.

Während bei allen diesen besprochenen Variationen die ovale Form der Ausgangspunkt war, gerade das Element, das an die $\lambda\eta\nu\acute{o}\varsigma$ anknüpfte, haben wir es jetzt mit einem Dekorationsprinzip noch zu tun, wo die Vermittelung durch die Form nicht mehr existiert, und die

---

1) Journal of Hellenic Studies 1900, S. 97; vgl. Clarac 256, 627; Dütschke 158.

Riefelung wie auf dem Stücke von Gordion rein als Ornament benutzt, daher auch auf eckige Sarkophage übertragen wird. So finden sich häufig geriefelte Einsatzstücke als Füllung, in der Mitte und an den Ecken Einzelfiguren auf Postamenten oder in Ädikulen. Besonders beliebt sind in der Mitte statuarische Gruppen, als Nachklänge der grofsen Kunst: Eros und Psyche oder die drei Grazien. Gelegentlich auch ein Medaillon mit dem Porträt des Verstorbenen.

Nachdem wir so das Entstehen und Vergehen der ovalen Form be-

Figur 18. Sog. Sarkophag der Caecilia Metella.

sprochen haben, verdient noch ihr berühmtester Vertreter, der sogenannte Sarkophag der Caecilia Metella[1]) angeführt zu werden, der jetzt im Hofe des Palazzo Farnese steht. Den Namen verdankt er dem Umstande, dafs er in dem Grabmal der Caecilia Metella, dem sogenannten Capo di bove an der Via Appia gefunden sein und noch Knochenreste enthalten haben soll, was andererseits von Canina[2]) bestritten wird. Kann man mangels jeder Inschrift oder genauer Fundnotizen zu keinem sicheren Ergebnis kommen, so läfst sich eine so frühe Datierung jedenfalls bezweifeln. Der Sarkophag selbst hat die Form einer nach unten erheblich abfallenden, geriefelten Wanne. An den Stellen der Vorderseite, die gewöhnlich

1) Matz-Duhn, Nr. 2672; Bartoli Sepolcri 38; Canina edifici di Roma, Taf. CCLXXII. CCLXXIII. CCXC; Montfaucon antiqu. expliq. V. I. pl. XC, Fig. 1;

Löwenköpfe zieren, befinden sich der Kopf eines Pferdes und eines Panthers, die beide mit dem Halse, wie aus einer Öffnung, schauen. Diese bewußte Durchbrechung des Schemas, ebenso die unorganische Verbindung der Köpfe mit der Relieffläche und der complicierte, mehrfach profilierte Rand darüber sind keine Anzeichen einer naiven Kunstepoche. Dasselbe lehrt uns der in allen seinen Teilen raffiniert ersonnene Deckel. Er zerfällt in zwei Partien: eine untere, deren Hauptschmuck ein mit Rosetten gefüllter Mäander ist, unten und oben von lesbischem Kyma umgeben, und eine obere Partie, die gestreckte Voluten zeigt, die sich in ihren graziösen Windungen von einem Akanthosfriese abheben. Wie weit entfernen sich diese Voluten von denen des Scipionensarkophages! Das Blattwerk, das den freien Raum füllt, zeigt daraus hervorspringende Tiere, die sich verfolgen und fliehen: Löwen, Stiere, Panther, Hasen, Hirsche, Hunde und Steinböcke. Dieser Fries entspricht genau ähnlichen Füllungen, wie sie auf den Polstern der griechisch-römischen Sarkophage, gelegentlich auch als unterer Abschlußstreifen vorkommen.[1]) Eine harmonische Wirkung zwischen diesem schwerfälligen Deckel und der eleganten Wanne wird erst dadurch erzielt, daß der Sarkophag auf einer köstlich gearbeiteten Basis steht. Dadurch, daß diese größer ist als die Bodenfläche, bleibt ein freier Raum übrig. Dieser ist notwendig, um den eigenen künstlerischen Reiz der Gesamtwirkung entstehen zu lassen. Die Basis, die ein nach unten zu ausgebuchtetes Profil von feinem Schwunge zeigt, ist oben mit einem Perlstab verziert. Darauf folgt ein Kranz von nach unten gewandten Akanthusblättern, mit scharfen Zacken und dünnen Blättern, von denen jedes durch ein auf dem Reliefgrund zart angedeutetes Blatt getrennt ist. Den Abschluß bildet ein riemenartig geflochtenes Ornament, wie es auf Kandelabern [2]) gelegentlich vorkommt.

Ich trage kein Bedenken, dies in allen seinen Teilen so wohldurchdachte und künstlerisch empfundene Stück in den Anfang der Antonienzeit zu setzen.

---

1) Vgl. das Rankenwerk mit herausspringenden Tieren von einem ähnlichen geriefelten Sarkophage Piranesi III, Taf. LII; ferner Robert Sarkophagreliefs II. 21, 110.

2) Z. B. in München, Furtwängler Nr. 433, Friedrich-Wolters 2132.

Figur 19. Hochzeitssarkophag im Pal. Riccardi.

Die Säulensarkophage.

Die Antoninenzeit, deren eigentümlich archaistische Richtung auf dem Gebiete der Litteratur bekannt ist, hat auch in der Sarkophag-Kunst einen neuen Typus durch Umgestaltung eines älteren geschaffen: die mit Säulen umgebenen Sarkophage.

Diese Sarkophage hängen zu eng mit der Wandarchitektur derselben Zeit zusammen, als daſs wir nicht einen kurzen Blick darauf werfen müſsten. Auf dem Gebiete der Wandmalerei zeigt sich dieselbe Erscheinung, die zuerst von Robert anläſslich der Wandmalereien der Villa Negroni in Rom [1] und von Mau für die Wandmalerei in Pompeji [2] betont worden ist: nämlich daſs die Wandmalerei dieser Zeit nicht an den letzten pompejanischen Stil anknüpft, sondern auf den zweiten zurückgeht.

Einen wertvollen Beleg hierfür — ich verdanke diese Beobachtung C. Robert — bieten die Aufnahmen delle pitture antiche der Villa Hadriani von Bartoli im Topham (Bm. V 44—49), die leider noch immer einer Publikation harren: charakteristisch sind die groſsen Säulen,

---

1) Arch. Zeit. 1876, S. 208.

2) Gesch. d. dekorat. Wandmalerei in Pompei. S. 59.

die vorspringenden Seitenädikulen mit verkröpftem Gebälke, und vor allem unten der mit Marmor inkrustierte Sockel, dessen Fläche überall durchbrochen ist (s. Fig. 20). Ähnlich sind auch die von Hülsen veröffentlichten Fresken des Privathauses an der via dei Cerchi[1]). Auch hier zeigt sich die um den ganzen Raum laufende, niedrige Stufe, hinter der sich eine Scheinarchitektur von reichen, doch keineswegs phantastischen Formen aufbaut.

Mit dieser Wandarchitektur auf engste verknüpft sind die Säulensarkophage, die zunächst ihre Vorläufer in dem sidonischen oben besprochenen Sarkophage der Pleureuses haben.

Um so erfreulicher ist es, daſs wir aus der Zwischenzeit ein vermittelndes Bindeglied, der augusteischen Zeit angehörig, in dem Neapler Musensarkophage[2]) besitzen, der dem II. pompejanischen Stile — also den Vorbildern der Antoninenzeit — ungefähr entspricht.

Figur 20.

Er zeigt noch keine Säulen, sondern nur mit Rankenwerk geschmückte Pilaster, die vertiefte, oben mit Guirlanden gekränzte Nischen abteilen. In ihnen erscheinen die Figuren auf Postamente gesetzt, darunter befindet sich auch hier der mehrfach profilierte Rand (Fig. 21).

Hierbei läſst sich auch auf das berühmte Relief der sogenannten borghesischen Tänzerinnen[3]) verweisen, das die Säulen und die hohe Balustrade mit dem sidonischen Sarkophage gemeinsam hat. Allerdings

---

1) Röm. Mitt. VIII, 1893, S. 290. Ein charakteristisches Beispiel aus der Architektur ist der Bogen von Tripolis: Baumeister, Denkm. d. klass. Altert., S. 1891. Fig. 1991.

2) Arch. Ztg. 1843, Taf. 7.

3) Clarac, pl. 163, 259; Hauser, Die neuattischen Reliefs, S. 46, Nr. 61; vgl. auch Monuments Piot VI, S. 171. Fig. 6 und Friedrich-Wolters 1905.

dürfte es auf Grund der eigentümlichen Gestaltung der Kapitelle, nach Hausers Beschreibung, wohl wider sein Erwarten weit jünger sein. Wäre

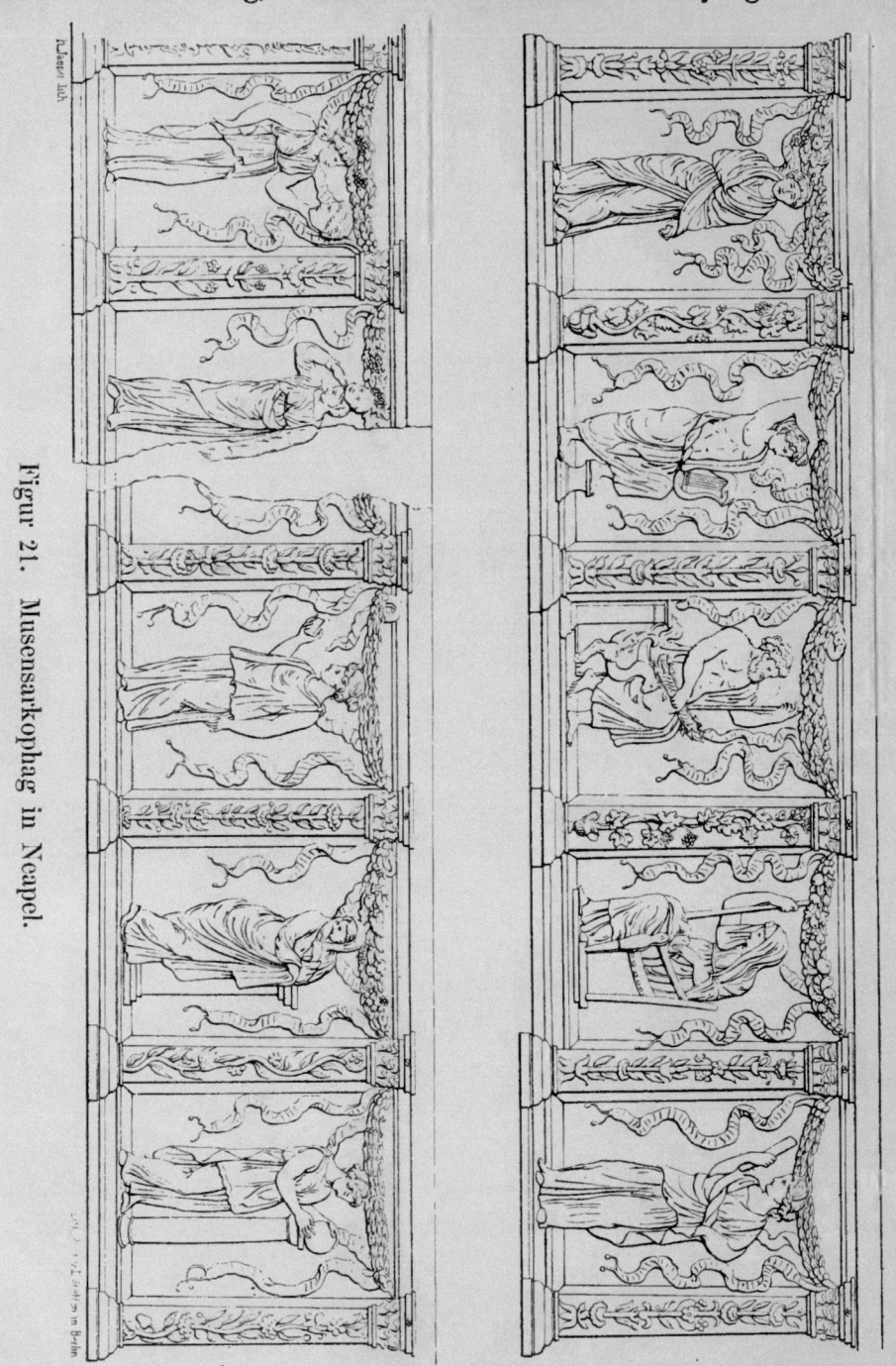

Figur 21. Musensarkophag in Neapel.

die Darstellung eine andere, so ließe sich die Vermutung begründeter hinstellen, daß wir es auch hier mit einem Sarkophagrelief der augu-

Die nächste Gruppe bilden die Säulensarkophage der Antoninenzeit. Erst vor kurzem hat ihr bekanntester Vertreter, der im Pal.
Riccardi in Florenz befindliche Hochzeitssarkophag durch Strczygowski
eine Besprechung gefunden (Abb. 19).[1] In einer anregenden Sammlung
von Aufsätzen, die auf die spätantike und frühchristliche Epoche ganz
neue Streiflichter werfen, versucht Strczygowski in Kleinasien ein Centrum
nachzuweisen, von dem die Gruppe dieser Säulensarkophage ausgegangen
ist. Das allen Gemeinsame faſst er in die folgenden Punkte zusammen:
1. der Gesamteinteilung der Bildfläche in Tabernakel, in und zwischen
denen einzelne Figuren stehen, 2. des aufgesetzten Gebälkstückes mit
der charakteristischen Füllung in zwei Streifen: oben dem Ei, unten
dem Dreizacke, seitlich Blättern, 3. des Kapitells mit den Doppelvoluten
und 4. der ausschlieſslich durch Bohrung hergestellten Blattlappen. Er
zählt ein Stück in Nikaia, einen Sarkophag aus Selefkieh, das von ihm
publizierte Christenrelief, einen Sarkophag in Konia und einen aus Rom
stammenden Sarkophag in London zusammen, die in diesem in Kleinasien heimischen Kunstkreise entstanden sein sollen.

Aber mit einer solchen Statistik läſst sich nichts anfangen. Zwei
Sarkophage der im Pal. Riccardi und ein von Strczygowski nicht ge-
nannter in Melfi[2] sind unzweifelhaft italisch. Findet sich dieses merk-
würdige Zwischenglied über dem Kapitelle an noch mehreren italischen
Stücken, so fällt die ganze Statistik zusammen. Ich möchte dieses
architektonische Glied, das unten ein verdorbenes lesbisches Kyma, oben
einen Eierstab zeigt, auch nicht als ein besonderes Einsatzstück ansehen,
vielmehr als ein zu dem Kapitell gehöriges einheitliches Stück, genau
so wie das ionische Kapitell mehrteilig ist.

Auch die Gesamteinteilung in Tabernakel beweist nichts. Der
Sarkophag von Melfi zeigt bereits diese durchbrochene Architektur von
vorspringenden Postamenten mit Nischen darüber, den hohen Sockel
mit verschiedenen Ornamentmustern und hohen, schlanken Säulen. Auch
hier sehen wir jene Aufsätze auf den Kapitellen, die aus einem drei-
zackähnlichen Streifen mit Eierstab darüber zu bestehen scheinen.

Da die Schmalseite dieser Sarkophagklasse uns fast ständig die
Hadesthür in der Mitte zeigt, läſst es sich vermuten, daſs vielleicht die
Anbringung derselben, wie sie uns auch auf zahlreichen Grabzippen
begegnet, die Anregung zu diesem Säulenaufbau gegeben hat. So zeigt
ein Petersburger Sarkophag[3] links und rechts an den Ecken geriefelte

---

1) Orient oder Rom, S. 52, Fig. 20.

2) Arch. Ztg. 1857, S. C*.

3) Mémoires de la société imp. d'arch. VI coll. Montferrand, pl. 12.

Säulen mit korinthischen Kapitellen und jenem oben erwähnten Zwischen-stücke, in der Mitte die Hadesthür von Säulen umgeben, zu beiden Seiten je eine Gruppe in Umrahmung.

Wie der Sarkophag von Melfi die säulengeschmückte Basis einer *κλίνη* bildet, so auch der Heraklessarkophag von Torlonia.[1] Er re-präsentiert einen zweiten Typus, der wahrscheinlich in Oberitalien üblich war. Zwar erscheint auch hier noch der Sockel verschieden gemustert und mit vorspringenden Postamenten versehen, die Langseiten haben aber keine gesonderten Tabernakel, sondern eine lange Säulenhalle von 5 Nischen, in denen die Figuren aufgestellt sind. Die Bogen, welche die Säulen verbinden, zeigen jenes oben erwähnte Ornament, die Zwickel sind mit Akanthus gefüllt.

Durch die echten Köpfe des gelagerten Ehepaares, die uns durch die Zeichnungen des Coburgensis erhalten sind, wird der Sarkophag auf Grund der Frisuren in den Anfang des III. Jahrh. n. Chr. datiert. Wir sehen also bereits in dieser Zeit bei einem Sarkophage die Bogen direkt auf Säulen gesetzt, eine Konstruktion, die Robert von Schneider erst bei den Diokletianschen Bauten in der Architektur befolgt sehen will.[2] Analogien finden sich bei der Dekoration der Terrasigillata-Gefässe sicher aus dem III. vielleicht schon im II. Jahrhundert.

Schließlich begegnen uns Monumente, die die geschlossene Archi-tektur wieder auflösen und, wie die erste Gruppe (Pal. Riccardi), in der Mitte eine auf Säulen ruhende Ädicula, zu beiden Seiten alleinstehende Nischen zeigen.[3] Dieser Typus scheint einer jüngeren Zeit anzugehören, soweit im III. Jahrhundert und der Folgezeit darin überhaupt noch von einer Gesetzmäfsigkeit die Rede sein kann, und ihm scheint auch der gröfsere Teil der christlichen Säulensarkophage, z. B. die von Strczy-gowski besprochenen, zu folgen.

---

[1] Sarkophagreliefs III[1], Taf. XXXIV—VII, Nr. 126, vgl. Taf. XXXVIII und die beiden Sarkophage in Pisa, Dütschke 41 u. 61.

[2] Kunstgesch. Charakterbilder aus Oesterr.-Ungarn, herausg. von Ilg, Wien 1893, S. 45.

[3] So der jüngst bei Konia gefundene, jetzt in Constantinopel befindliche Sarkophag. Er ist insofern interessant, weil hier das Säulenschema auf der Rückseite und der rechten Schmalseite durch Jagdscenen aufgehoben wird. Übrig geblieben sind nur die muschelartigen, auf Konsolen ruhenden, Nischen.

II. DIE ORNAMENTIK.

Figur 22. Griechischer Guirlandensarkophag in Broom-Hall.

1. Die griechischen Guirlandensarkophage.

Der gröfsere Teil der besprochenen Sarkophagtypen hat sich durch seine architektonische Form ausgezeichnet, und dieser Aufbau trug dazu bei, besondere Klassen zu unterscheiden. Seit der hellenistischen Zeit, hauptsächlich seit dem Erblühen der römischen Kunst und dem Beginn der augusteischen Ära, tritt die Form hinter der Dekoration erheblich zurück. Vor allem kommen ganz neue, rein dekorative Monumente auf, so die Guirlandensarkophage.

Die einfachste und ursprünglichste Art dieser Dekoration zeigt die von Bukranien an den Ecken zusammengehaltene Guirlande. Diese Manier ist der natürlichen Umkränzung des Altars entnommen. Wir finden sie auf das Einfachste auf den Grabcippen angebracht, wo das griechische Bukranion, der Form des Altars entsprechend, in die Mitte gesetzt ist.[1]) Die langausgedehnte Sarkophagseite erfordert natürlich ein anderes Schema, um die Fläche zu beleben.[2]) Man verdoppelt die

---

1) Vgl. Clarac, pl. 250, 446; 253, 499.

2) Jünger sind die syrischen Sarkophage, die statt der Bucranien Metallstifte imitieren; vgl. Renan, Mission de la Phénicie, S. 505, 516. De Saulcy,

Gehänge und bringt ein drittes Bukranion in der Mitte an. Dieser einfache Geschmack überlebt sich zu rasch, als daß viele Denkmäler dieser Klasse auf uns hätten kommen können. Für die Hauptfront ist das Arrangement auch zu einfach, dagegen findet es sich gelegentlich auf der Rückseite von Sarkophagen, so bei einem in Arles befindlichen, wo an den Ecken Widderköpfe die Stelle der Bukranien einnehmen [1]). Dasselbe Monument zeigt auf der Vorderseite in der Mitte eine Inschrifttafel, doch scheinen solche erst um die Wende des I. und II. nachchristlichen Jahrh. entstanden zu sein. Durch die Anbringung der Tafel tritt überhaupt eine Dreiteilung ein, wie sie bei jüngeren Guirlandensarkophagen [2]) üblich ist.

Einerseits dient diese durch zwei oder auch drei Gehänge entstehende Teilung dazu, mehr Bewegung in die Masse zu bringen, andererseits wird die Guirlande selbst immer mehr zur Nebensache und bietet dem Künstler nur Gelegenheit, die Träger und die Füllung der entstandenen Zwischenräume künstlerisch zu gestalten.[3])

Als Träger haben wir bereits das Bukranion, später den Widderkopf erkannt. Besonderer Beliebtheit erfreuen sich in der Kaiserzeit die Eroten. So erscheint ein einzelner in der Mitte auf einem im Kloster Cazzafani auf Cypern befindlichen Guirlandensarkophag [4]), aus pentelischem Marmor. Die Zwischenräume über den Guirlanden füllen Löwenköpfe. Der in Broom-Hall befindliche Guirlandensarkophag aus der Sammlung des Lord Elgin [5]) zeigt einen ungeflügelten nach rechts schwebenden kleinen Knaben, als Füllobjekte Satyrmasken (Fig. 22). Ein leider sehr zerstörter Sarkophag ist jüngst in Syrien [6]) nahe Hammâm il-Djêdj gefunden worden. Bei allen diesen Stücken ist der Raum über den Guirlanden nicht mehr freigelassen oder durch die flatternden Enden der Tänien allein ausgefüllt, sondern ähnlich den Metallbeschlägen hölzerner Kisten sind Löwenköpfe, Gorgoneia, Masken angebracht. Besonders in Phönizien haben sich noch Löwenköpfe gefunden, die einst als Beschlag hölzerner Särge dienten.

---

1) Millin, Voyage III, S. 498, pl. LXI.

2) Sarkophag in South Kensington [App. 1735], dessen eigentümlich stilisierte Stierköpfe nach Phönizien weisen; Salerno [App. 315]. Vgl. Benndorf, Reisen in Lykien Taf. XLVIII.

3) Sehr eigenartig ist die Decoration auf der wegen ihrer Ornamentik besonders interessanten sog. maison carrée in Tebessa. Durch zwei mit Rosetten befestigte Guirlanden ist eine dritte so hindurchgehängt, daß sie die andern überschneidet. Gehalten wird sie ebenfalls durch Rosetten an den Stellen, wo sonst Masken sitzen.

4) Cassas, Voyage pittoresque de la Syrie, de la Phénicie, de la Palestine et de la basse Egypte 1799, vol. III, Nr. 104.

5) Michaelis, Ancient Marbles, Nr. 22.   6) J. Arch. 1900, S. 427.

Der nächste Schritt ist, überhaupt statt der Bukranien Figuren anzubringen und sie mit besonderer Sorgfalt wie kleine Statuen bearbeitet, auf gesondert hervorspringenden Postamenten anzubringen. Am meisten beliebt sind Eroten und Niken, aber auch Götter wie Hermes, Pan, Apollo werden verwandt. [1]) Das Halbrund über den Guirlanden füllen Masken von Medusen, Silenen, Frauenköpfe, bisweilen auch nur Rosetten. Eine besondere Kuriosität dieser Monumente aus dem Osten

Figur 23. Sarkophag in Alexandrien.

sind die von den Guirlanden nach unten hängenden Trauben, die eigentlich völlig unorganisch verknüpft sind und nur den Zweck haben, den unteren Raum zu füllen. Aber alle diese Denkmäler, die uns nur spärliche Reste von den einstigen griechischen dekorativen Sarkophagen repräsentieren, gehören dem I. und II. Jahrh. n. Chr. an.

Teilweise haben sie noch an den Ecken das griechische Bukranion,

1) Vgl. v. Bissing, Die griech.-röm. Altertümer im Museum zu Kairo. Arch. Jahrb. 1901, S. 207, Abb. 11, Nr. 30—33; ferner Sarkophage in Alexandria, Konstantinopel, Ny-Karlsberg. Zwei besonders gut erhaltene Exemplare dieser Gattung weist das jüngst entdeckte Grab von Kom el Chougaffa auf.

als den letzten Rest der einst ursprünglichen Dekoration erhalten, dasselbe unterscheidet sie von den römischen Guirlandensarkophagen. Daher wird es am Platze sein, einiges über die Entwickelung des Bukranions einzufügen. Solche Einzeluntersuchungen sind am geeignetsten, die römischen Elemente von den griechischen zu sondern und die noch immer bestehenden irrigen Ansichten aus der Welt zu räumen, als sei die ganze römische Kunst nur ein verflachter Abdruck der hellenistischen. Nicht darauf kommt es an, wo ein Ornament zum ersten Male auftritt, sondern das Wesentliche ist, dafs die betreffende Kunst sich eine Form, die sie aufnimmt, völlig zu eigen macht und ihren Zwecken assimiliert. So finden wir einen über Ranken hinschwebenden Eros bereits auf einer Lekythos des V. Jahrhunderts [1]), während in weiterem Umfange die Kunst erst zwei Jahrhunderte später sich völlig dieses dankbaren Stoffes bemächtigt.

In dieser Hinsicht ist die Entwickelung des Bukranions äufserst lehrreich. Dafs die Griechen es, weil es sich auch in Ägypten [2]) findet, von dorther entnommen haben, ist ein keineswegs notwendiger Schlufs. Vor allem hat die griechische Architektur in ihrer Blütezeit keine Verwendung davon gemacht. Zuerst scheint es auf dem Rundbau der Arsinoe auf Samothrake [3]) verwandt zu sein, dessen Bauzeit in die ersten beiden Dezennien des III. Jahrh. v. Chr. fällt.

In die Regierungszeit Eumenes II. (197—159) fällt die Stoa des Athena-Polias Heiligtums zu Pergamon [4]), wo wir die Verbindung von Bukranion und Guirlande zum ersten Male erblicken. Dargestellt ist eine Guirlande aus Eichen- und Öllaub, die abwechselnd von sitzenden Adlern mit gesenkten Flügeln und von bindengeschmückten Ochsenköpfen getragen wird. Erstere sind im Halbprofil und so angeordnet, dafs immer je zwei sich anblicken, sich also symmetrisch dem zwischen ihnen in Vorderansicht befindlichen Ochsenkopfe zuwenden. Zwischen ihnen, über den Senkungen des Laubstranges ist einmal eine Eule, dann eine Schale mit strahlenförmig angeordneten, kräftig hervortretenden Rippen angebracht. Das Bukranion ist der volle Ochsenkopf mit zottigem Felle bekleidet, die Ohren treten unter den Hörnern hervor.

---

1) Riegl, Stilfragen, S. 207.

2) Riegl, l. c., S. 73, Abb. 27. Die Antike kennt keine Sucht nach Originalität; wofür einmal der höchste Ausdruck, das passende Motiv gefunden ist, bleibt es auch der Kanon.

3) Athen. Mitt. 1888, S. 360; Conze-Benndorf, Unters. auf Samothrake, Taf. 54 ff.

4) Altertümer von Pergamon, vol. II, Taf. XXX, 1, S. 50; Collignon-Pontremoli, S. 116. Vgl. den Sarkophag von Trysa, Petersen-Luschan, Reisen in Lykien Taf. II.

Diese Form des griechischen Bukranions findet sich auf zahlreichen Altären des III.—I. Jahrhunderts v. Chr. und bleibt noch bestehen, als die römische Ornamentik längst eine andere geschaffen. Einer der bemerkenswertesten unter ihnen, weil er in seiner Dekoration ganz einem Sarkophage entspricht, ist der marmorne Hestiaaltar in Magnesia [1]), der mit Bukranien, Guirlanden und Schalen dekoriert ist. Der Schrift nach gehört er in den Anfang des I. oder an den Ausgang des II. Jahrh.

Wir finden dieselbe Form in der Architektur vor allem auf dem Tempelfriese des Apollon Chresterios in Aegae [2]), der von P. Servilius Isauricus 46 v. Chr. eingeweiht wurde. Andere Beispiele der Kaiserzeit sind die Bukranien am Tempel zu Apollonia πρὸς ῾Ρυνδάκῳ [3]), und am Caracallatempel zu Pergamon, wo Adler mit Bukranien abwechseln. [4])

Neben dieser fast quadratischen Figur des Bukranions findet sich eine zweite griechische Form in Gestalt eines umgekehrten Dreieckes, dessen Spitze nach unten zeigt (Fig. 24). Zum Unterschiede von dem vollen Ochsenkopf ist hier nur das Knochengerüst angegeben. Zuerst tritt uns diese Form auf unteritalischen Vasenbildern [5]) entgegen, dann auf dem Fries vom Thorbau Ptolemaeos Philadelphus (285—247) in Samothrake, [6]) ebenso auf dem Rundbau der Arsinoe (Friedrich Wolters 1389. 1391), auf dem Triglyphenfries eines Altars im Elensinion [7]) und zahlreichen kleineren anderen Altären.

Ein Beispiel aus der Architektur der Kaiserzeit ist der Fries des Juppitertempels von Aizanoi [8]) in Phrygien, wahrscheinlich Hadrianischer Epoche, der überhaupt so viel Singuläres enthält, daß seine Entstehungszeit noch diskutiert wird. Von Sarkophagen zeigt die quadratische Form der Heraklessarkophag [9]), der ein griechisches Vorbild nachahmt, die dreieckige die Rückseite eines griechischen Erotensarkophages in Athen. [10])

Die römische Architektur hat die griechischen Formen des Bukranions nur ganz vereinzelt angewandt. Die wenigen mir bekannten Beispiele für die dreieckige Form sind der Rundtempel zu Tivoli, die

---

1) Kern, Inschriften von Magnesia, Nr. 220; vgl. auch die Pergamenischen Altäre. Athen: Mitt. 1899, S. 159, 160.

2) Bohn, Altertümer von Aegae, S. 46, Abb. 27.

3) Lebas-Reinach, pl. II²; vgl. S. 38. Interessant ist die römische Nachahmung des pergamenischen Guirlandenfrieses. Altertümer von Pergamon, IV, Taf. 38, 3.   4) Ussing, Pergamon, S. 81.

5) Mon. d. Inst. VI, 37; vgl. auch d. Terakottarelief bull. de corr. hell. VII, Taf. 16.   6) Springer-Michaelis, Handb. d. Kunstgesch. I, Abb. 235.

7) Philologus XXIV, Bd. A, S. 231; Friedrich-Wolters, Nr. 2170.

8) Lebas-Reinach, pl. 30 bis.   9) Sarkophagreliefs II, Taf. XXVII, Nr. 98.

10) Arch. Ztg. 1872, S. 16; Lebas-Reinach, pl. 87, 1.

sogenannte Regia [1]), für die viereckige der Bogen der Goldschmiede auf dem Forum Boarium. [2]) Nach der Zeichnung der Engelsburg von Giulano da Sangallo [3]) sind auch dort griechische Bukranien angebracht. Sollte die Hadrianische Zeit mit ihrer Vorliebe für echt griechische Motive hierfür die Erklärung liefern?

Das römische Bukranion läfst sich auf die republikanische Zeit zurückführen. Es unterscheidet sich von dem griechischen in zwei wichtigen Punkten. Erstlich in der langgestreckten schmalen Form. Es ist derselbe Unterschied, der sich auch heute noch bei der modernen Rinderzucht bemerkbar macht. Die Gebirgsrasse hat kurze, breite Schädel, die der Tiefebene langgestreckte, schmale.

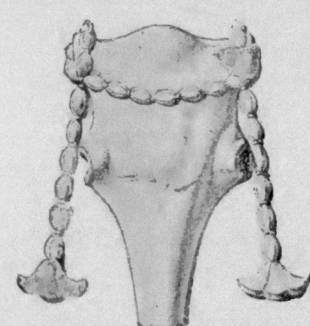

Fig. 24.
Dreieckige Form.

Dann zeigt das griechische Bukranion den vollen Ochsenkopf oder das mit Haut noch bedeckte Knochengerüst, das römische dagegen nur das ausgeblichene Schädelskelett. Völlig ausgeprägt tritt uns dies erst in der augusteischen Zeit entgegen. Dagegen finden wir schon in republikanischer Zeit diejenige Form des Stierschädels, die jener vorausgeht: den beinahe rechteckig verlaufenden Schädel, von dem die Hörner sich energisch abheben, dessen Formen aber noch etwas Rohes und Plumpes haben. Der Knochenbau ist nur im grofsen angegeben, es fehlt die Gliederung. Der Abschlufs des Nasenknochens ist noch unnatürlich, ebenso die Einbettung des Auges. Man vergleiche das Grabmal der Cäcilia Metella [4]), des Bibulus [5]) und andere. Charakteristisch sind auch die friesartigen Umrahmungen der Campanareliefs. [6])

Die augusteischen Handwerker haben auch hier das Verdienst, die überkommene Form nicht sklavisch weitergeführt zu haben, sondern auf die Natur zurückgegangen zu sein. Sie suchen die Knochenstruktur anatomisch getreu nachzuahmen, sie geben die Scheidewand des Maules und auch die Nähte an. [7]) Dies zeigt auch die gleichzeitige

1) Jahrb. IV, S. 244, Abb. 10; vgl. auch d. Metope bull. 1890, Taf. XII.

2) Clarac 220, 307.

3) Röm. Mitt. 1891, S. 141.

4) Canina, Via Appia, Taf. XV, Abb. 5; vgl. bull. comm. 1895, Taf. I, c; Canina a. a. O. XXVIII, 2, S. 119.

5) Canina Arch. Rom. 212.

6) Coll. Campana, Taf. XIII u. LV.

7) Petersen, Ara Pacis S. 155, will diese augusteischen Guirlanden, sowohl in der Malerei wie in der Plastik, nicht an der Mauer entlang aufgehängt, sondern im freien Raume gedacht wissen.

Darstellung in der pompeianischen Wandmalerei z. B. casa dei Dioscuri.[1]

Die jüngere Zeit hat diese augusteische Form wie vieles Andere übernommen und beibehalten, im wesentlichen ist die Schädelform geblieben, nur ist die feinsinnige Darstellung derselben allmählich verflacht. Auch liebt man es, die Teilung des Schädels, die früher weiter abwärts erfolgte[2]), mehr in der Mitte des Kopfes eintreten zu lassen.

---

1) Mon. Mus. Lateran. XVI, 3, 4; Mon. d. Inst. VI, 13; Annali 1858, S. 1; Mon. Acad. Lincei 1895, S. 5, Abb. 50.

2) Vgl. den Fries des Vespasiantempels; die Ara im Thermenmuseum. Wiener Genesis, S. 27.

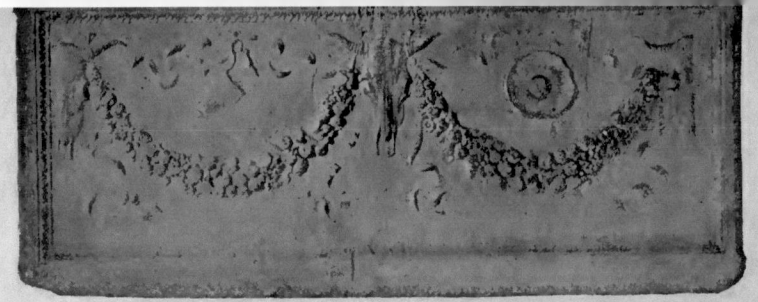

Figur 25.   Guirlandensarkophag in Berlin.

2. Die römischen Guirlandensarkophage.

Auf den römischen Guirlandensarkophagen ist das Bukranion ein hauptunterscheidendes Merkmal. Wenn uns nur wenige Exemplare vorliegen, so liegt der Grund darin, daſs im I. Jahrh. n. Chr. die Verbrennung bei weitem die Beisetzung überwog und andererseits an die Stelle dieses Ziergeschmackes ein lebhaftes Interesse an Stofflichem, Schilderungen der Mythen und das Lebens, eintrat.

Trotzdem besitzen wir ein Prachtstück augusteischer Zeit in dem Berliner Sarkophage Caffarelli[1]) (Abb. 25). Zwei Gehänge aus Fruchtguirlanden werden an den Seiten und in der Mitte von Bukranien gehalten. Die Bukranien, an den Seiten durch den Rand teilweise abgeschnitten, sind langgestreckt, nach unten sich verjüngend, zwei Gehänge aus Fruchtguirlanden sind an ihren Hörnern befestigt, mit groſser Sorgfalt und Liebe sind alle Einzelheiten angegeben. Auf den ersten Blick fühlt man es, daſs hierauf der Haupteindruck berechnet ist. Deshalb ist auch der übrige Raum ziemlich freigelassen, nur zarte Tänien flattern in leichten Windungen, die sich von den knittrig gebrochenen der späteren Zeit, mit ihren sich rechtwinklig schneidenden Linien gewaltig unterscheiden. Eingefügt ist, der Rundung sich anpassend, entsprechend der früher beliebten Rosette, eine Schale und Kanne. Das Relief verliert sich allmählich in der Fläche, starke Schattenwirkungen sind vermieden. Das Ganze umgibt ein Rahmen, aus einem feinen lesbischen Kyma und einer Leiste bestehend.[2])

---

1) Beschr. d. ant. Skulpt., Nr. 843; Dragendorff, Bonner Jahrb. 1898, Taf. III.

2) Am nächsten stehen diesem Sarkophage die Reliefs in der Villa Medici, Mon. d. Inst. XI, Taf. 36, 3a, 4. In entwickelterer Form findet sich dieselbe Fruchtguirlande auf einem Relief von der Ara Pacis. Wiener Genesis,

Aufserordentlich ähnlich ist dem Berliner Sarkophage ein Petersburger[1]) Fragment einer Sarkophagrückseite, eine Arbeit von grofser Schönheit, bei der sich jedoch statt der Leichtigkeit eine gewisse Härte bemerkbar macht. Vermutlich auseinandergesägt, ist von dem ganzen Monumente nur eine Hälfte einer Seite erhalten, links und rechts ein Bukranion, von Tänien umflattert, zwischen dem eine Lorbeerguirlande gewunden ist. Den Halbkreis füllt eine Kanne. Die Umrahmung ist einfach gehalten, entbehrt jedes Ornamentes und läfst die eigentliche Dekoration zur völligen Geltung kommen.

Der oben besprochene Sarkophag des P. Volumnus Violens zeigt auf seiner einen Langseite ebensolche Bukranien mit Guirlande. Die

Figur 26. Fragment in Petersburg.

Mitte füllt eine Rosette, unten sind Vögel angebracht. Der auf der einen Seite angebrachte Lorbeerzweig beweist zur Genüge die Zugehörigkeit des Monumentes in die augusteische Zeit.

Auch ein anderes Dekorationsschema hat sich mit viel Glück von der Füllung einfacher quadratischer Flächen bis zu der Verzierung ganzer Sarkophagseiten heraufgeschwungen, das Kranzmotiv, das seit der Verleihung der Bürgerkrone an Augustus in der Kunst Eingang findet.

S. 19. Petersen, Ava Pacis Taf. II und Fig. 23—25. Im Prinzip ist die Dekoration dieselbe, aber es fehlt diesen Stücken das überaus Zarte, das die augusteischen charakterisiert; vgl. Annali 1885, S. 320—22; Wiener Genesis, Fig. 4 und S. 20, Anm. 3.

1) Guédonow, Erém. imp., S. 72, Nr. 261.

Und dabei sind diese grofsen runden Kränze, deren flatternde Tänien den unteren Raum bestreichen, von recht anspruchslosem Charakter, und nur die geschmackvolle Ausführung vermag ihnen den vornehmen Eindruck zu verschaffen. So zeigt das Relief in der Vorhalle S. S. Apostoli in Rom[1]) einen Adler mit ausgebreiteten Flügeln inmitten eines Kranzes, auf dessen unterem Rande er sitzt, während die Flügel hinter demselben wirkungsvoll ausgebreitet sind. Zwei Altäre befinden sich in Arles,[2]), der eine, der Bona Dea geweiht, weist einen Eichenkranz mit Tänien, der andere nur einen die ganze Fläche bedeckenden Laubkranz auf. Der Altar im Tempel des Genius Augusti in Pompeji zeigt einen scharf umränderten Eichenkranz von Lorbeerzweigen umgeben. Auch der sogenannte Ledaaltar in Arles gehört in diese Zeit. Er führt seinen Namen nach den in der augusteischen Aera so beliebten Schwänen, wie wir sie auch auf dem pompeianischen Silberbecher[3]) antreffen. Hier sind sie in überaus malerischer Weise an den Ecken angebracht, während ihr Gefieder beinahe die Mitte füllt. Im Schnabel halten sie eine Lorbeerguirlande, von der Tänien sich nach unten abzweigen. Aehnlich ist eine Urne in Perugia[4]) dekoriert und ein Grabaltar im Museum Chiaramonti.[5])

Von Sarkophagen zeigt einer im Pal. Corsini[6]) in der Mitte einen Aehrenkranz auf einer schmalen Basis stehend, die Flächen zu beiden Seiten füllen je zwei grofse mit Aehren und Blumen gefüllte Urnen, auf und unter denen allerlei Tiere als Beiwerke angebracht sind.

Ein Pisaner[7]) Sarkophag mit der stolzen Aufschrift 'sepulcrum nobilium de Porcari' wegen seiner anmutenden Schönheit von Benozzo Gozzoli als Brunnen auf seinem Bilde „Noahs Segen" im Camposanto

---

1) Wiener Genesis, Abb. 1; leichter zugänglich ist die englische Uebersetzung, erschienen unter dem Titel: Wickhoff, Roman Art, transl. by Mrs. S. A. Strong ill. folio 1900.

2) Musée d'Arles, guide Nr. 275. 147.

3) Wien. Vorlegebl., Ser. VIII, Taf. 10, 1; vgl. auch die in Florenz befindliche Platte der Ara Pacis, Dragendorff a. a. O., S. 93, Fig. 1. Petersen, Ara Pacis S. 27, Abb. 16.

4) Conestabile Mon. di Perugia, Taf. LXX.

5) Cippus des L. Furius Diomedes, C. I. L. VI². 9221. Derselbe dient als Basis zu 244.

6) Matz-Duhn 3005 [App. 1319]; vgl. den Cippus Gall. Giust. 131.

7) Dütschke 88, Lasinio Raccolta del Campo Santo, Taf. LIII, Nr. XLI. Besonders das Quattrocento (Fra Filippo und Filippino Lippi) bevorzugt derartige dekorative Monumente. Aus der Renaissance ist besonders die wundervolle Truhe in Spoleto (Stadthaus) zu erwähnen, die ein ganz ähnliches Motiv, umgeben von einem Astragal, zeigt (Alinari 5150).

von Pisa kopiert, zeigt in der Mitte einen festen Kranz auf einem Akanthusblatte befestigt, von dem aus nach den Seiten sich schwungvolle Akanthusranken im Stile flavischer Zeit ranken, während ein lesbisches Kyma auch hier das Ganze umgibt und oben darüber ein Perlstab hinläuft.

Wir sind nicht so glücklich, inbezug auf die römischen Guirlandensarkophage aus dem Vollen schöpfen zu können. Aber die Lücke, die sich hier zeigt, können wir schliessen durch einen Blick auf die italischen Grabcippi, und dies um so mehr, ohne unmethodisch zu sein, da wir auf Schritt und Tritt gesehen haben, wie die Dekoration beider Hand in Hand geht. Eigentlich erfordern die Cippi ein Studium für sich, obwohl ihnen zu wenig Aufmerksamkeit bisher geschenkt worden ist. Trotzdem sind sie gerade durch ihre Inschriften am ehesten geeignet, einen sicheren Anhalt zur Datierung der verschiedenen Ornamentstile zu liefern. Die folgende Übersicht wird sich begnügen, die hauptsächlichsten Typenarten, wie sie sich mir zu ergeben scheinen, hier aufzuführen.

A. Cippus als Guirlandenaltar.
    I. Widderköpfe an den Ecken.
        1. Der über den Fruchtguirlanden entstandene Raum ausgefüllt durch Gorgoneia oder Adler.
        2. Der untere Raum durch Eidechsen, Adler mit Schlange, Nereide auf Seetieren etc.

Figur 27. Cippus im Louvre.

        3. Die Ecken durch Sphinxe, Greifen u. s. w. auf Basen. Z. B. der Cippus der Luccia C. F. Telesina, Tochter oder Schwester des Konsuls C. Luccius Telesinus d. J. 66 n. Chr., also Ausgang des ersten Jahrhunderts entstanden.[1]
    II. Ammonsköpfe an den Ecken.
        Diese Klasse zeigt schon mehr vergröberte Technik, die natürliche Frische von Blüten und Früchten weicht einer rohen, äußerlichen Nachahmung. Der malerische Übergang

---

1) C. I. L. VI, 2156, 3. Müller-Wieseler II, 70, 880.

des Reliefs in den Hintergrund macht einer derben, plastischen Formengebung Platz, die Tänien nehmen die viereckigen Brechungslinien an. Reiches Beiwerk soll den Charakter des Vollen, Üppigen geben. Charakteristisch sind folgende Einzelheiten:

1. Adler auf Basen an den unteren Ecken. Diese Basen wiederum mit Masken oder Schwänen angefüllt.
2. Medusenköpfe mit Schlangenhaaren, nach denen Schwäne picken, wodurch das Motiv ins Spielerische herabsinkt.
3. Beliebte Gruppen: Koreraub, Löwe oder Hund einen Hirsch zerreißend, die Lupa u. s. w.

Leider sind die Cippen der Pisonen und Calpurnier, deren Genealogie einen sicheren chronologischen Anhalt zur Datierung geben könnte, wie des M. Licinius Frugi cos. a. 27 und des L. Calpurnius Piso Frugi Licinianus nicht publiziert. Der einzige in Abbildung mir bekannte Cippus, der des Asprenas Calpurnius Torquatus [1]) zeigt an den oberen Ecken Ammonsköpfe, mit einer Fruchtguirlande, unten Adler mit einer Tänie im Schnabel, über der Guirlande ein wildes Tier einen Hirsch zerreißend, unter derselben Hähne. Das Monument gehört in die zweite Hälfte des I. Jahrhunderts.

B. Cippus als Relief, umrahmt von
  I. Balaustren oder Kandelabern. [2])
  II. Durch Säulen. [3])
    1. Nach Art einer Tempelfaçade mit Säulen, die oben Akroterien tragen.
    2. Der untere Raum mit Szenen ausgefüllt.
    3. In der Mitte eine Inschrifttafel angebracht oder ein Totenmahl.
    4. In der Mitte die Hadestür angebracht. Wie bereits oben ausgesprochen, ist dies Motiv das ursprüngliche und hat die Gruppe der Säulensarkophage im Gefolge.
  III. Durch statuarische Figuren.
    1. Eroten auf Basen an den Seiten.
    2. Zwei Figurenreihen übereinander: Schlangenfüßler auf Sphinxen, Adler auf Atlanten, Niken auf Adlern.

---

1) Bullet. comm. 1877, Taf. XXI, 5; über die Pisonen vgl. Bulletino 1885, S. 101. Notizie degli scavi 1884, S. 393; C. I. L. VI. 1370, 71.

2) Mus. Lateran XXXV, 2; Mus. Nap. IV, Nr. XL; Clarac 185, 325; vgl. auch das Grabmal der Haterier, Mon. d. Inst. V, Taf. VI.

3) Z. B. die Aschenurne des A. Crispinus Caepio, aus dem Anfange des II. Jahrh.; falls er mit dem Konsul des Jahres 96 n. Chr. identisch ist. Notizie d. scavi 1880, Taf. V; Röm. Mitt. 1886, S. 128; C. I. L. VI², Nr. 1073—1076.

C. Der Cippus erhält die Form der Ädicula. Man greift damit auf ein ganz altes Motiv zurück, das sowohl in der hellenistischen Zeit, wie in Italien in der Zeit der Republik reiche Verwendung gefunden hatte. Man setzt

    1. entweder die Büste des Verstorbenen

    2. oder die ganze Figur hinein. Beliebt ist auch diese Form des Doppelcippus, der sonst nicht vorkommt.

D. Die ganze Umrahmung beschränkt sich auf rein ornamentale Verzierung durch die friesartige Wellenranke, in der späteren Form, wo der Stengel vom Blattwerke bedeckt ist und die Blüten statt der einfachen Rosettengestalt halb Knospen- halb Blütenentwickelung zeigen, oder durch Verwendung von Kyma und Eierstab. Hierher gehört der elegante Cippus[1]) aus Ostia, der durch die Weihung ins Jahr 124 n. Chr. datiert ist.

Eine kleine Denkmälerklasse, wie die Cippi, ist am besten geeignet, uns die Entwickelung der römischen Ornamentik zu lehren. Der Kunststil einer Epoche bildet sich nicht von oben her, von der großen Kunst ausgehend, sondern von unten herauf, aus der nächsten Umgebung des Menschen, seiner Kleidung, seinem Geräte, dem Kunstgewerbe.

Gerade die Ornamentik ist von jeher der Beginn einer neuen Stilrichtung gewesen. Die augusteische Ornamentik hat aber durchaus nichts Greisenhaftes, nichts Überlebtes an sich. Etwas Strenges und Reines weht uns von diesen Formen entgegen, es ist die heitere Anmut einer von Willkür freien Gesetzmäßigkeit. Wenn auch die älteren Stilrichtungen, die wir seit Hauser gewohnt sind, die neuattischen zu benennen, weiter gepflegt werden, mit ihren preziösen Typen und archaisierenden Formen, so lebt zur gleichen Zeit eine neue Kunstweise auf, die es liebt, statt der spiralmäßigen Wellenranken, duftige Blumengewinde wiederzugeben, die großen dekorativen Fruchtstücke mit den blühenden Einzelheiten des Eindrucks zu umkleiden, den Gegenstand nicht einfach zu umreißen, sondern die farbigen Töne ausklingen zu lassen[2]).

Vor allem muß man berücksichtigen, daß wir es mit einer neuen Formengebung zu tun haben und dieser ein Studium der Natur, ein Bestreben ihrer habhaft zu werden bis zum kleinsten Fältchen, ein fleißiges Beobachten von Pflanzen- und Tierwelt zu Grunde liegt. Freilich dürfen wir nicht vergessen, daß wir es mit einem fabriksmäßigen Handwerke zu tun haben und Taktlosigkeiten hinnehmen müssen, die dem griechischen Gefühle unerträglich wären.

---

1) Notizie degli scavi 1881, Taf. II.

2) Auch für die Ara Pacis nimmt man Farbigkeit an, vgl. Petersen a. a. O. S. 39.

Das Grundmotiv, das immer wieder aufblinkt, ist und bleibt die um den Altar gelegte Guirlande. Die augusteische Zeit schafft sie, wie sie im Leben umgelegt war, unvergänglich frisch gebildet, wie auf den pompejanischen Wandbildern dritten Stiles. Die Relieftiefe ist gering und verliert sich allmählich in der Fläche. Von selbst stellt sich das Bedürfnis ein, die Schmalseiten zu verzieren, und dies geschieht zuerst mit einem Lorbeerzweig, einer Kanne, einer Schale, aber allmählich nehmen auch diese Seiten einen reicheren Schmuck an. Die Peinlichkeit, mit der in der ersten Zeit die Tänien und Bänder befestigt sind, weicht einer nachlässigen Sorglosigkeit. Die Guirlanden schweben frei in der Luft, allerlei Tierzeug drängt sich an allen Ecken herum. Mit verschwenderischer Hand streut man immer mehr Beiwerk in die leeren Zwischenräume. Nichts unterliegt so in der Kunst dem Wandel der Zeiten, wie das Gefühl für Wahrscheinlichkeit oder das Gegenteil. So auch hier lauter Widersprüche. Bald ängstliches Bemühen, Blatt und Blüten der Natur nachzubilden, bald Bänder, die nach allen Himmelsrichtungen flattern. Dieses wich eben dem mächtigeren Prinzipe des Rhythmus und der Raumfüllung.

Die Wirkung der augusteischen Dekoration ist eine malerische, denn der Kontrast von Ornament und Hintergrund beruht nicht auf einer Schatten-, sondern einer Farbenwirkung. Die Manier erinnert oft an das Arbeiten mit nassem Ton, und es ist nicht ausgeschlossen, dass das Modellieren damit nicht ohne Einwirkung blieb[1]).

In der zweiten Hälfte des ersten nachchristlichen Jahrhunderts ist anstelle des Bukranions der Widder und der Ammonskopf getreten, die Guirlande aus Lorbeer, Eiche oder Früchten wird immer reicher gestaltet und immer mehr Beiwerk zugefügt. Wie allmählich in die Wellenranke allerlei Tiergebilde sich einschleichen, so auch hier. Mythologische Szenen wechseln mit natürlichen aus dem Tier- und Menschenleben und spielerisch phantastischen Genrebildern. Der Luftraum, der sich auf dem augusteischen Altar der Form des Ornamentes anpaſste, wird gemieden, ja gefürchtet.

Auch andere Formen der Einrahmung treten auf, man belebt die frühere Vorstellung des Grabsteines als Tempel. Es ist nicht mehr der dorische Tempel mit Triglyphen, sondern der ionische mit seinen Volutenkapitellen. Man bringt Türen an, in denen der Verstorbene selbst erscheint, oder setzt einen Altar davor. Und über das Ganze fallen Kränze herab, Blumenguirlanden winden sich von Pfosten zu Pfosten.

Parallel dieser Entwickelung der Cippi geht die der Sarkophage.

1) Petersen a. a. O. S. 157 leugnet diese zuerst von Wickhoff ausgesprochene Vermutung.

Der Berliner Sarkophag, der, wie wir gesehen haben, sich in die augusteische Ornamentik einfügt, ist in seiner Art das einzige unversehrt uns überkommene Stück. Dagegen ist zahlreich die Klasse, die als Guirlandenträger Eroten zeigen, also, worauf schon Robert [1]) hinwies, die ursprüngliche Altarbekränzung aufgegeben haben.

Theodor Schreiber [2]) hat diese Klasse auf hellenistische Vorbilder zurückgeführt. Dabei stützt er sich auf die alexandrinische Blumenliebhaberei, er zitiert das Quartier der Kranzwinderinnen und sucht die hochentwickelte Blumenkultur Alexandriens uns in dem Kalixenosfragmente [3]) zu veranschaulichen, das uns den üppigen Blumenflor, der bei dem Feste des Ptolemaeos Philadelphos entfaltet wurde, beschreibt. Aber wenn es auch an derselben Athenäusstelle weiter heisst: $\mu\varepsilon\tau\grave{\alpha}$ $\delta\grave{\varepsilon}$ $\tau\alpha\tilde{v}\tau\alpha$ $\varepsilon\tilde{i}\pi\varepsilon\tau o$ $\beta\omega\mu\grave{o}\varsigma$ $\dot{\varepsilon}\xi\dot{\alpha}\pi\eta\chi\upsilon\varsigma$ $\delta\iota\pi\lambda o\tilde{\upsilon}\varsigma$ $\varkappa\iota\sigma\sigma\acute{\iota}\nu\eta$ $\varphi\upsilon\lambda\lambda\acute{\alpha}\delta\iota$ $\delta\iota\alpha\chi\varrho\upsilon\sigma\tilde{\omega}$ $\pi\varepsilon\pi\upsilon\sigma\varkappa\alpha\sigma\mu\acute{\varepsilon}\nu o\varsigma$, $\check{\varepsilon}\chi\omega\nu$ $\dot{\alpha}\mu\pi\acute{\varepsilon}\lambda\iota\nu o\nu$ $\chi\varrho\upsilon\sigma o\tilde{\upsilon}\nu$ $\sigma\tau\varepsilon\varphi\alpha\nu\grave{o}\nu$ $\mu\varepsilon\sigma o\lambda\varepsilon\acute{\upsilon}\varkappa o\iota\varsigma$ $\mu\acute{\iota}\tau\varrho\alpha\iota\varsigma$ $\varkappa\alpha\tau\varepsilon\iota\lambda\eta\mu\acute{\varepsilon}\nu o\nu$ — was fördert eine solche Schilderung? Wickhoff hat mit dem Nachweis des illusionistischen Stiles in der augusteischen Zeit das schöne Märchen von der vorbildlichen alexandrinischen Dekorationstechnik glänzend vernichtet. Der Altar mit Platanenzweigen aus dem Thermenmuseum [4]) zeigt, wie weit die römischen Handwerker in der Nachbildung der vegetabilischen Natur kamen.

Trotzdem aus der Zwischenzeit sehr weniges erhalten ist, weisen uns einige Spuren auf die Art der Weiterentwickelung. Eines dieser darum für uns doppelt so wichtigen Monumente ist der runde Altar aus dem Dionysostheater in Athen. [5]) Der Altar ist sicher zwischen 140 und 130 v. Chr. datiert. Kahle Silensmasken mit mähnenartigem Haupthaar tragen eine Guirlande, in der Epheu mit seinen Korymben und Wein vorherrschen und daneben nach R. Schoenes wohl richtiger Deutung Pinienlaub und Pinienzapfen in ihren verschiedenen Entwickelungsstufen. [6])

1) Journ. of Hellen. Stud. 1900, S. 82.

2) Reliefs Grimani, Anm. 96 zu S. 54: „Wenn in Alexandrien, wie es den Anschein hat, die griechisch-römische Ornamentik geschaffen wurde, so kann eine ganze Klasse von Sarkophagreliefs vorbildlich nur hier entstanden sein, diejenigen mit Guirlanden tragenden Putten und Verwandtes. Eine andere Klasse wird gebildet von Sarkophagreliefs, die stilistisch und durch Beifügung landschaftlicher Staffage dem alexandrinischen Reliefbild aufs nächste verwandt sind."

3) Athen. V, 25.   4) Wiener Genesis, S. 21, Abb. 7.

5) Schoene, griech. Reliefs, Taf. 5; Sybel, Weltgesch., S. 362; Hauser, neuatt. Reliefs, S. 116, Nr. 24.

6) A. a. O., S. 14; vgl. den Fries aus dem Pergamenischen Theater, Using, S. 79 und den Maskenfries aus Kos, Benndorf Reisen in Lykien und Karien, S. 5, Abb. 1.

Man beachte das Band, es ist einmal herumgeschlungen, kommt an der rechten Seite über dem Kopfe zum Vorschein und wird abermals herumgewunden, fällt dann außen an der rechten Seite der Maske herab. Es ist keine flatternde Tänie, sondern ein dickes schweres Stoffband, mit runden Enden, das keine Querfalten zuläßt, sondern nur in der Längsrichtung gelegentlich umbricht.

Die Guirlande ist schwer Blatt für Blatt gefügt, sie erinnert an die sorgsam geschnittenen Metallblättchen in den hellenistischen Goldkränzen. Nur an den Rändern werden einige Ranken entsendet, so besonders, wo der tiefste Senkungspunkt der Guirlande ist. Aber auch hier sind die Ränder scharf geschnitten. Am besten zeigt diese lineare Technik ein pergamenisches Eckstück einer Bekrönung mit Epheuschmuck im Berliner Museum.

Dieselbe Technik zeigt die mit Masken durchzogene Blumenguirlande, die das pompejanische Mosaik aus Casa del Centauro: der Herbst auf einem Löwen reitend, umgibt·[1] Auch hier sind Blumen und Blätter einzeln gebildet, ohne auf irgend eine Zusammenwirkung, auf einen Gesamteindruck hingearbeitet zu sein.

Dasselbe schwere Band umwindet die Guirlanden, es ist lose um dieselbe herumgerollt und hat abgerundete Ecken. Der Gegenstand erklärt es, wenn die Masken hier weniger Träger, als Füllobjekte sind.

In dieser Weise haben wir uns die hellenistische Guirlandendekoration zu denken, bald schwere Festons von breiten Bändern durchwunden, bald ein rankenartiger Epheu- oder Weinzweig, mit wie aus Metall geschnittenen dünnen Blättchen. In beiden Fällen aber heben sich die scharf geschnittenen Ränder von dem Hintergrunde ab.

In der augusteischen Zeit finden wir mit sorglicher Treue Blumen, Blätter, Früchte nach der Natur kopiert, mit einer Freude am Wirklichen um der Wirklichkeit willen. Jene dicken, schweren Binden haben zartflatternden Bändern aus feinstem Gespinst, mit eingezackten Ecken, den Platz geräumt und so eine große Leichtigkeit in dem Bewegungsmotive erzielt.

Auf den römischen Sarkophagen sehen wir zum ersten Male Eroten mit Guirlanden verbunden, jedenfalls nicht vor der augusteischen Zeit, als die hellenistischen Vorbilder so weit überholt sind, daß von einer Abhängigkeit in dieser Beziehung keine Rede sein kann. Einen schüchternen Versuch zeigt ein pompejanisches Wandbild [2]. Ein kleiner ge-

---

1) Vgl. auch den schwellenartigen Mosaikstreifen in der Casa del Fauno zwischen Eingang und Atrium.

2) Presuhn, Taf. XIX, reg. V. ins. I, Nr. 18.

flügelter Eros hält schwebend eine große Guirlande, die mit schräg gewickeltem Bande umschlungen ist. Aus der grünen Blattmasse treten nur wenige Früchte und Blätter hervor.

In der Architektur finden wir das Motiv zum ersten Male auf dem Juliergrab von St. Remy [1]), wo kindlich gebildete Eroten in höchst lebendigen Stellungen eine lange schwere Guirlande tragen. Vielleicht hat der Architekt desselben mit seinen ungemein geistreichen Einfällen bestimmend auf die Dekoration der Sarkophage eingewirkt.

In graziöser Weise erscheint das Motiv auf einem Friesfragmente in der Villa des Voconius Pollio [2]) verwandt, wo kleine Eroten, nach verschiedenen Seiten gewandt, Guirlanden auf ihren Schultern tragen.

Älter ist vielleicht ein Campanarelief. [3]) Merkwürdig ist hier die Art, wie die Guirlande gehalten wird. Die kleinen Eroten haben bedenk-

Figur 28. Villa Pamfili.

lich an der schweren Last zu schleppen, und zu ihrer Erleichterung hängen die Festons an einem Bande, dessen Schleife die Form eines Dreiecks bildet.

Ein Kindersarkophag in Florenz (Dütschke 370; App. 1130) zeigt zwei Gehänge von Lorbeerfestons durch drei Eroten getragen,

1) Antike Denkmäler I, 2. C. J. L. XII. 1012. Ritschel und Brunn gehen bei der Datierung auf den Ausgang der Republik zurück, doch hindert nichts, bis in die Regierungszeit des Augustus hinaufzugehen. Wenn auch die Schlachtenreliefs kleinasiatischen Charakter verraten, so gehen die dekorativen Formen hier nicht mit zusammen. Sie stehen künstlerisch bedeutend höher; vgl. Wickhoff, Wiener Genesis, S. 40.

2) Bull. com. 1884 (XII), Taf. XVII—XIX, S. 141 ff.; vgl. die Berliner Terrakottastücke Nr. 254, 276 etc.; auch ein Relief aus Claudischer Zeit, aus Caere, jetzt im Lateran, Ann. d. J. 1842, tav. d'agg. C.; Benndorf-Schöne, S. 130; Helbig I[2], Nr. 677, S. 452. Bis nach Indien ist dies Motiv gedrungen; vgl. das Fragment von Charsaddam (Peshavar), Monum. Piot 1900, S. 51, Fig. 6.

3) Coll. Campana, Taf. XV. Dass diese Reliefs aus sehr verschiedenen Zeiten stammen, lehrt ein Blick auf Taf. XXXVIII. Der Vergleich zwischen diesen winzigen Guirlanden, die an Masken hängen, und jenen schweren Festons setzt einen grösseren zeitlichen Abstand voraus. Vgl. die in Berlin befindlichen architektonischen Terracottafragmente.

dieselben erscheinen als Kinder, nackt, im Profil nach rechts, sie sind schwebend und lebhaft bewegt wie auf dem Juliergrab von St. Remy Den Raum über der Guirlande füllen nur die mehrfach gewundenen dünnen Tänien.[1])

Bereits auf dem Juliergrab finden wir über den Guirlanden einzelne Masken. Auf den Sarkophagen erscheinen sie meist paarweise, bald anf einem felsartigen Untergrunde, bald auf einem herabfallenden Tuche gelagert.

Ein Sarkophag, im Mausoleum des Augustus gefunden, jetzt in der Sammlung Pawloski[2]) zeigt drei Gehänge von 4 Eroten getragen, über der Guirlande sind drei Paare von Masken. Der Deckel zeigt Eroten auf Seetieren. Ursprünglich ist unter der Guirlande ein freier Raum, ihn füllen die abwärts flatternden, zart an den Grund sich anschmiegenden Tänien, in der weiteren Bildung wird die Guirlande gesenkt, um den oberen Raum freier zu gestalten. Dieselbe Beobachtung, die wir bei den Cippi gemacht haben, trifft auch hier zu, die Guirlande wird Nebensache, das Beiwerk rückt in den Vordergrund. Ursprünglich waren es die Tänien, jetzt werden es die Masken, die Basis unter ihnen fällt fort; damit sie grösser gestaltet werden können, so lagern sie direkt auf der Guirlande. Waren die Eroten zuerst in Profil gesetzt, so erscheinen sie nun en face. Anstatt der zwei treten drei Gehänge auf, als Träger erscheinen Niken, Satyrn, Knaben auf Seetieren.[3]) Anstelle der Masken über den Guirlanden bringt man Medusenköpfe[4]) und Porträts[5]). Schließlich schiebt man in die Mitte, genau wie bei den geriefelten Sarkophagen eine Gruppe ein: Amor und Psyche, Dionysos von einem Satyr gestützt.[6]) Ein jetzt verschollenes Monument[7]) zeigt als äußere Einfassung Tellus und Okeanos gelagert mit Fackeln in den erhobenen Händen, an denen die Guirlanden befestigt sind.

So entwickelt sich eine Fülle von Darstellungen auf diesem beschränkten Raume. Statt der Masken ist man bestrebt, Porträts oder mythische Szenen zu setzen. Das Gefällige muß dem Sinnigen weichen.

---

1) Vgl. den Cippus Mus. Bresc., Taf. XVI; Clarac 137; Sarkophag in Perugia, Conestabile, Taf. XI, XII; ein Sarkophagfragment in Bonn, Führer S. 27, U. 202.

2) [App. 1331]; Pigh. fol. 341, Nr. 187; vgl. Dütschke 473; Matz-Duhn 2420, ähnliche in Orvieto, Lowther Castle, Ince Blundell.

3) Marseille, Villa Wolkonski, Villa Albani.

4) Monum. del Museo Lateran, Taf. I, 2; Annali 1863, tav. Q. R.

5) Matz-Duhn 2210 a, 2442, 2516.

6) Matz-Duhn 2356.

7) Coburgensis fol. 192.

Vielleicht ist es ein Zug trajanischen Zeitgeistes, der sich hier wider-spiegelt. So entstehen die Guirlandensarkophage mit szenischen Dar-stellungen.

Th. Schreiber hält auch diese Reliefstücke für Nachbildungen alexandrinischer Wandreliefs. Beide verbindet die Vorliebe für über-hängende Felsmassen, knorriges Astwerk und idyllische Szenen. Technisch zeigen sie dieselbe Behandlung der Relieftiefe, indem die einzelnen Teile bald weit hervorragen, bald zurücktreten, bald ganz im Hintergrunde verschwinden und eine reiche Skala an malerischer Farbenwirkung, einen interessanten Wechsel von Licht und Schatten zur Folge haben. Be-wunderswert ist die realistische Wiedergabe von Mensch und Tieren, die feine Beobachtung der Pflanzenwelt. Es handelt sich um nichts Ge-ringeres, als die Frage, ob nicht die sogenannten hellenistischen Reliefs in die Kaiserzeit gehören. Seit Wickhoffs [1] scharfsinnigen Auseinandersetzungen wird niemand unbedingt der Schreiberschen Hypothese zustimmen können. In Komposition, in Stil und Technik gleichen jene hellenistischen Kabinettsstücke des Palazzo Grimani so völlig den Reliefs auf der Ara Pacis [2]), daß man annehmen muß, sie sind zu derselben Zeit und in denselben Werkstätten wie jenes augusteische Kunstwerk entstanden. Daß die Kunst in Alexandrien es nicht zu dieser Höhe gebracht hat, zeigt das gänzliche Fehlen an beglaubigten gleichwertigen Fundstücken hellenistischer Künstler. Aber auch hier hat sich die Entwickelung nicht sprungweise vollzogen. Vielmehr sehen wir die Vorläufer dieser neuen Relieftechnik wiederum in der Kleinkunst. Es ist dies ein ganz natürliches Entwickelungsgesetz, das sich auch für die spätrömische Kunst bemerkbar macht. So hat H. Dragendorff in einem trefflichen Vortrage über die arretinischen Vasen und ihr Verhältnis zur augu-steischen Kunst [3]) bereits die nahe Verwandtschaft dieser Gefäßdekoration mit den sogenannten hellenistischen Reliefbildern erkannt. Auch hier ist bald das felsige Terrain, mit knorrigen Bäumen, deren ausgebreitetes Laubwerk sorgfältig wiedergegeben ist, angedeutet, bald Blätter, Beeren, Früchte in vollkommen naturalistischer Ausführung, die zu botanischer Bestimmung lockt. 'Neben lockeren Kränzen, die aus ganz verschieden-artigem Blatt- und Blütenwerk zusammengesetzt sind, finden sich dicke Fruchtguirlanden, die das Gefäß umziehen — alles sorgfältig aus-geführte naturalistische Einzelheiten, während der Gesamteindruck doch meist ein rein ornamentaler bleibt'. Auch die Metallkunst weist bereits

1) Wiener Genesis, S. 22 ff.
2) Röm. Mitt. IX, S. 171—228.
3) Bonner Jahrbücher, Heft 103, 1898, S. 87—109.

in früher Zeit diese Technik auf. Es gibt Stuckreliefs [1]) ägyptischer Herkunft, die augenscheinlich nach einer Metallform geprägt sind und neben den gewöhnlichen hellenistischen Motiven diese neue Reliefmanier mit stark heraustretenden Formen verraten, wie sie uns ja am besten der Silberfund von Hildesheim und Boscoreale aus weit jüngerer Zeit repräsentiert. Daſs diese Technik in der Kleinkunst bereits in hellenistischer Zeit entstanden, ja daſs sie für Metallgefäſse erfunden ist, scheint sich mir klar zu ergeben, daſs sie gerade in Alexandria ihren Hauptstützpunkt gehabt, ist wohl allgemein als irrig anerkannt.

Aber eins muſs betont werden, die hellenistischen Marmorreliefs haben diese Technik nie in der Weise durchgeführt, zu der Entwickelung gebracht, wie die augusteischen Kunstwerke. Gerade jene Feinheiten, die wir an den Reliefs des Pal. Grimani bewundern, sind eine wesentliche Eigentümlichkeit der augusteischen Epoche. Betrachten wir das Münchener Relieffragment, das sicher in hellenistischer Zeit und wahrscheinlich in Kleinasien verfertigt ist [2]). In felsiger Landschaft, die durch groſse, flache Felsmassen und einen Baumstamm charakterisiert ist, sitzt ein Mann im Mantel. Aber wie ganz anders ist hier diese Landschaft gekennzeichnet, durch Zeichnungen von Umriſslinien wird auf dem Münchner Relief dasselbe erstrebt, was dort durch jene eigenartige, licht- und schattenerzeugende Schichtung verschiedener Reliefpartien erreicht wird. Dasselbe bei dem Baumstamm. Nirgends das Biegen nach den Lichtseiten hin, das effektvolle Erreichen charakteristischer, tiefbeschatteter Ecken und Knotenpunkte und weiter, in dünner Erhebung über den Reliefgrund ausgedehnter und allmählich in ihn übergehender Flächen. Es ist die Manier des Telephosfrieses, die hier sich erweist. Zahlreiche hellenistische Reliefs zeigen ähnliche Reliefbehandlung. So das Asklepiosrelief in München. [3]) Wol versucht hier der Künstler durch eine gewisse Rundung eine bestimmte Wirkung zu erreichen, aber es steht gänzlich auf dem alten Boden; scharfgezeichnete Konturen, besonders an den naiv wiedergegebenen Blättern der Platane, die Unfähigkeit Licht und Schattenpartien zu sondern und den Baumstamm wirklich lebendig erscheinen zu lassen, bezeugen dies.

Diese Wirkung erreicht zu haben ist das oft ausgesprochene Verdienst der augusteischen Kunstepoche. Mögen die Ansätze zur illusionistischen Relieftechnik auch weiter zurückgehen, wie ja jede neue

---

1) Solche besitzen A. Furtwängler und F. v. Bissing.
2) Beschr. d. Glyptothek von A. Furtwängler, München 1900, Nr. 329.
3) A. a. O. Nr. 206, abg. Amelung, Führer durch die Antiken zu Florenz,

Stilweise ihre Vorläufer hat, jene grofsen Wirkungen, die wir an der Ara Pacis, den Reliefs des Pal. Grimani u. a. bewundern, verdanken wir der augusteischen Zeit. Genau so wie in der spätrömischen Kunstentwickelung die Durchbrechung der Formen, das Aufkommen des Keilschnittes, zuerst im Kunstgewerbe, in den Metallarbeiten jener Zeit, ihren Anfang nimmt, von dort auf die Steinskulptur übergeht und allmählich festen Boden auch in der grofsen Reliefskulptur gewinnt, so vollzieht sich dieser grofse Prozefs der illusionistischen Reliefbehandlung von dem Aufnehmen der Technik aus dem Kunstgewerbe in die grofse Reliefkunst in dem ersten nachchristlichen Jahrhundert. Dafür haben wir einen glänzenden Beweis, einen festen Anhaltspunkt in der frappanten Ähnlichkeit der kleinen in den Guirlandensarkophagen angebrachten Szenen mit jenen feinen Wandreliefs.

Der schönste und besterhaltenste Sarkophag dieser Klasse ist der Aktäonsarkophag im Louvre.[1]) Ungeflügelte Viktorien halten das Blumengewinde, eine in der Mitte, zwei an beiden Ecken. Mit der einen Hand halten sie die Guirlande, mit der andern die Tänien, die in langsamen Windungen hinter ihnen hindurchgleiten. Die beiden Szenen der Vorderseite, auf das äufserste detailliert und auf das sorgfältigste ausgearbeitet, entsprechen am besten der oben gegebenen Schilderung. Auf den Schmalseiten treten Greifen ein, der Deckel zeigt Seegottheiten. Das Monument stammt sicher aus dem Anfange des ersten Jahrhunderts.

Am nächsten stehen die mit zwei eingesetzten Szenen geschmückten Denkmäler, so die Darstellungen des Ödipus und Polyphem, die als Pendants gearbeitet sind, in Pal. Mattei[2]), und ein anderer mit Darstellungen der Leiden des Philoktet.[3])

Jünger sind die dreiteiligen. So weist ein Sarkophag mit Szenen aus der Marsyassage[4]) in P. Barberini jüngere Formenbildung auf. Auch dionysische Darstellungen[5]) werden öfters verwandt, ein trunkener Silen auf einem Neapler Exemplar, Dionysos und Ariadne auf Monumenten in Pisa und im British Museum. Auch Fragmente, Herkules mit dem Cerberus, auf dem einen, Proserpina auf einem anderen, zeugen von der Vielseitigkeit der Stoffe, die man hier einfügte.

Ein köstliches Stück ist der umstehend abgebildete Kindersarko-

---

1) Sarkophagreliefs II, Taf. 1.
2) A. a. O. II, 182.
3) A. a. O. II, 139.
4) A. a. O. III², Taf. LXIII, Nr. 196.
5) Metz Duby 2204

phag [1]) mit Szenen aus der Theseussage. Auch hier sind drei Szenen gebildet. In höchst lebendigen Stellungen tragen die puttenhaften Eroten an der schweren Guirlande, die teils aus verschiedenstem Blattwerk, teils aus Ähren, Stern- und Glockenblümchen besteht. Der Deckel zeigt ein Erotenwettfahren. Die linke Schmalseite zeigt das Porträt des Kindes, der Deckel den Kopf eines Meergottes, ähnlich dem auf dem Aktäonsarkophage.

Aufser den mythischen Szenen finden sich Motive, wie sie in der Kaiserzeit beliebt sind: Eroten auf Seegreifen, Seelöwen, einzelne Nereiden oder Nereiden und Seegötter auf Seetieren reitend oder waffentragend. Die Beliebtheit solcher Süjets beweisen zur Genüge der

Fig. 29.   Kindersarkophag.   New-York.

Münchener Nereidenfries und Architekturdenkmäler, wie das Juliergrab und die Thermen des Agrippa.

Aus dem Gesagten geht hervor, wie die Mehrzahl der Guirlandensarkophage dem ersten nachchristlichen Jahrhunderte angehört, wie allmählich diese Dekoration hinter der Verwendung von Szenen zurücktritt und so der Übergang sich bahnt zu der grofsen Masse von reliefgeschmückten Monumenten. Ehe wir auf diese eingehen, wollen wir kurz einige in der Kaiserzeit besonders beliebte Motive besprechen, die häufiger friesartig verwandt werden, so die wappenartig um Balaustren oder Kandelaber gruppierten Greifen.

Die Greifen zeigen entweder den schlanken Körperbau, den von Rohden mit Recht dem ersten Jahrhundert zuschreibt, oder die Form

---

1) Der Sarkophag ist in Nepi gefunden (Notizie d. scavi 1889, S. 358), befindet sich jetzt in New-York, einem Reverend von Amerikanern zum Geschenke gemacht.

des Löwengreifen mit Steinbockshörnern, die im zweiten zur Geltung kommt.[1])

Ein im römischen Kunsthandel[2]), befindlicher Sarkophag von sehr guter Arbeit zeigt zwei Gruppen von gegenübersitzenden Löwengreifen, die ihre Vordertatzen an dazwischenstehende Balaustren lehnen. Letztere sind kandelaberartig gebildet und ruhen auf dreieckigen Untersätzen. Die Schwänze, die in der Mitte zusammenkommen, sind geringelt und entwickeln eine strenge Palmette. Der Deckel zeigt Masken an den Ecken und Eroten auf Seetieren.

Ähnlich ist das bekannte Vatikanische[3]) Monument, das den Übergang des Animalischen in vegetabilische Gebilde in überaus phantastischer Weise ausbildet. Die Akanthuskelche, in der Mitte zusammengeschnürt, entsenden nach oben und unten Kelchblätter, aus denen sich Ranken mit Rosettenblüten entwickeln. Besonders kunstvoll sind die Ranken, die aus dem Schweife entstehen und die ganze Nebenseite bedecken. Der Schweif ist gedacht als Stengel mit zwei kleinen Keimblättern, die abermals einen Kelch bilden, ein Akanthusblatt hervorschiefsen lassen, das den Stengel bedeckend zu einem Mittelkelch führt, der umbiegt und nach oben und unten in eine Blütenrosette endet. Die Art, wie der Stengel fast gar nicht zum Vorschein kommt, wie unverhofft immer neue Keime, Blätter und Rosettenbildungen auftreten, führt schon auf Denkmäler Flavischer Zeit[4]) als Parallelen. Wie auf dem Hildesheimer Krater sich kleine Eroten auf den Stengeln wiegen, so erscheinen hier als Füllfiguren des üppigen Pflanzenornamentes ebensolche in den Rosetten.

Nichts ist lehrreicher in der Geschichte der Ornamentik als die Verbindung von Ranken und Tierwelt. Wenn auch vereinzelt auf einer attischen Lekythos ein Eros in einer Ranke schwebend erscheint, der mit den Händen an dem Stengel Halt sucht, so verdankte dies Motiv nur einem künstlerischen Einfalle seinen Ursprung und blieb vereinzelt. Wirklich zur Verwendung konnte es erst in einer Zeit kommen, wo auch in der Literatur der Zug ins Märchenhafte auftritt, wo im Anschluss

---

1) Bonner Studien, S. 11, Furtwängler bei Roscher s. v. Gryps, S. 1775; vgl. die Fragmente vom Palatin, Mon. d. Acad. d. Lincei 1895, Fig. 10 u. 11.

2) [App. 1694].

3) Mus. Chiaramonti III, 40; Pistolesi III, 50; Gerhard, Ant. Bilder 28; vgl. das Deckelfragment Mon. d. Inst. 1865, Taf. XV, 2; ein verschollener Sarkophag Monaldini Vet. Latii ant. ampl. coll., S. II, 3, Taf. XVI.

4) Vgl. die Fragmente vom Trajansforum, Mus. Lateran. XLI, 2; Clarac, pl 195 52; Berlin 903; Banndorf Schaars 50 66

an Euripides und Aristophanes eine Wunderwelt entsteht mit Misch-
wesen und Fabeltieren bevölkert. Charakteristisch ist schon das völlig
umgekehrte Größenverhältnis von Mensch und Pflanze. So sehen wir
auf einer tarentinischen Vase (Mon. d. Inst. IV. 17) eine übermensch-
lich gebildete Ranke in den Händen einer Muse, auf der Asteasvase
(Wien. Vorlegebl. Ser. VIII, 12) sitzt die Hesperide Kalypso auf einer
Ranke, auf einer Vase in Neapel sitzt Jo inmitten eines ganzen Ranken-
systemes (Roscher Mythol. Lex. II 1 S. 278)[1]). Wunderwesen, Greife
Sphinxe, ja sogar ein Tintenfisch mit Menschenkopf erscheinen. Unüber-
trefflich sind die halb verwandelten Gefährten auf dem Lysikratesdenkmal.

Auch die Plastik bemächtigt sich des die Künstlerphantasie reizenden
Stoffes. Ein eigenartig schönes Beispiel griechischer Kunst ist der Aufsatz
auf dem Grabsteine eines Mädchens (F. W. 1120). Eine halb in Vorderansicht, halb nach rechts bewegte Mädchengestalt erscheint in Hochrelief
vor einer Platte, auf der als Hintergrund, teilweise von ihr verdeckt, ein
hochaufsteigendes Ranken- und Palmettenornament in Flachrelief gearbeitet ist. Von hier aus ist nur ein Schritt zu dem Pilasterkapitell
zu Priene, wo die weibliche Figur, dem Akanthuskelche entsteigend, mit
den Händen nach den auf beiden Seiten aufspriefsenden Akanthusranken greift. Hier haben ionische Künstler das Motiv auf ihre Weise
erfafst und festgehalten, wie die Kapitelle des Didymaion, die Eck-
akroterien vom Trajaneum in Pergamon beweisen. Unabhängig von
den ionischen Vorbildern kommen nun wohl die figürlichen Kapitelle
in Unteritalien auf, die reiche architektonische Verwendung des Motivs
an Kapitellen und Friesen.[2]) Auch die Kleinkunst bemächtigt sich
des Stoffes. Jene von den Hüften ab in Ranken endenden Wesen am
Didymaion kehren ebenso auf unteritalischen Vasen[3]) wieder. Ein
reiches Material bieten die Terrakotten. Noch unverbunden zeigt eine
attische Terrakotte des IV. Jahrhunderts[4]) eine tanzende Bacchantin,
unter der sich eine Ranke emporschlingt, aber schon erscheint Aphrodite[5]) aus einem Blütenkelche aufsteigend und, vom dritten Jahrhundert
ab, wird die Verbindung von Mensch und Blume, Tier und Mensch
allgemein. Die Pompejanischen Terrakotten bilden ein langes Register,

---

1) Vgl. die Amphora von Canosa, W. V. 1889, IX, 7; Berlin 3242, 3263;
die Diademe von Eläa und Abydos; die silberne Amphora der Eremitage.

2) Vgl. das schöne Kapitell am Mercurtempel in Pompeji.

3) Vgl. Ber. d. sächs. Ges. 1875, Taf. IV.

4) Arch. Anz. IV, S. 158, vgl. d. Relieffragment aus Ceglie, Petersen Ara
Pacis S. 163, Fig. 53.

5) Lecuyer terr. ant. vignette zu pl. G[5], Nr. 8.

besonders die Kandelaberkunst weiſs immer neue, phantastische Gebilde zu erzeugen. Kaum bleibt mehr ein Gerät, ein Werkzeug übrig, das nicht Symptome des Motives aufweist. Auch eigenartige Schöpfungen treten auf, wie die vegetabilisch umgebildeten Köpfe der Meerdrachen am Juliergrab von St. Remy, die personifizierte Weinrebe in statuarischer Verbindung mit Dionysos und schlieſslich in der Plastik der Kaiserzeit die ganze Reihe von Büsten, die unten in Akanthusblätter enden, der Antinous im Vatikan, die sogen. Klythia, Julia Secunda[1]), die Büste auf dem Grabrelief der Hateria Helpis und andere mehr.

Auch hiervon spiegeln die Sarkophage ein kleines Teil wieder. Ein römischer Guirlandensarkophag in Pal. Camuccini[2]) läſst die Guirlanden statt von den üblichen Eroten an den Ecken von geflügelten Jünglingen, die halb in Akanthuskelchen stecken, getragen werden. In der Mitte sind es aufspringende Weinstöcke, an denen die Guirlanden hängen, und dazwischen erscheint Dionysos trunken, von einem Satyr gestützt und von einem Panther begleitet.

Weit jünger, aus später Antoninenzeit, ist ein Monument in Villa Pacca.[3]) Hier sind zunächst die wappenartig gestellten Greifen paarweise verwandt, in der Mitte von ihnen erscheinen en face bärtige, langgewandete Männer, deren Gewänder von den Hüften aus in Akanthusranken auslaufen und schlieſslich in Rosetten endigen.

Schon längst ist die Guirlande überflüssig geworden, kein Wunder, daſs sie zum Teil ganz verschwunden ist. Der Hauptaccent ist auf die Mitte verlegt, hier wird etwas besonders in die Augen Fallendes angebracht, eine Gruppe, eine Inschrifttafel oder ein Clipeum.

Ein Sarkophag in Salerno (App. 314) zeigt in der Mitte ein Porträtmedaillon auf Akanthusblättern, zu beiden Seiten je zwei Eroten, die eine kurze Guirlande halten[4]) Man könnte verführt sein anzu-

---

1) Lebas, voy. Monum., Fig. 150; vgl. Mus. Napol. IV, 39, Bouillon III, pl. 31; Dijon, Mon., pl. XVI, 441 u. 867; Mon. Matth. III, 9; Raoul-Rochette VII, 2; Matz-Duhn 2516. Eine in Eleusis gefundene Athenabüste hat als Sockel einen Blütenkelch, wohl aus dem 2. nachchr. Jahrh., vgl. Philios Ἐπετ. τοῦ Παρνασσοῦ 1898, σελ. 245.

2) Matz-Duhn 2356, vgl. auch 3480; Landsdawne House A. M. 80, S. 494, Nr. 49; vgl. das ungefähr gleichzeitige und äuſserste ähnliche Kapitell bullet. 1878, Taf. XV, XVI. Aehnliche Vorbilder muſs die Renaissance benutzt haben; vgl. z. B. den angeblich von Giulio Romano stammenden Fries in S. Maria in Domnica: Eroten Löwen tränkend, und das Deckelfragment Mon. d. Inst. 1865, Taf. XV, 2.   3) [App. 1833]; vgl. Dütschke V, 91, 240.

4) Aehnlich ein anderer Sarkophag in Salerno [App. 1011]; Pal. Mattei [App. 1041] Matz-Duhn 2439; Landsdawne House A. M. 100; Algier [App. 2658]

nehmen, daſs die Guirlande hier einfach durch ein Mittelbild ersetzt worden ist. Wir haben es aber hier mit einer in der Kaiserzeit häufigen Erscheinung zu thun, daſs Elemente ganz verschiedener, stehend gewordener Typen zusammengeschmolzen werden und so ein neues Ganzes gebildet wird, das auf den ersten Eindruck seinen selbständigen Charakter zu wahren scheint.

Die Gruppe, in die der Clipeus ursprünglich hineingehört, ist die Erotenschmiede, eine Reihe von nebeneinandergesetzten Szenen, die Eroten mit der Anfertigung der Waffen beschäftigt darstellen. Natürlich wählte der Künstler, der dies Genre erfand, für die Herstellung des Schildes die Mitte, und erst dieses aus dem Ganzen herausgerissene Emblem sehen wir so oft uns begegnen.

So zeigt der Deckel des an der Porta Salaria [1]) gefundenen Sarkophages die Verfertigung der Waffen, mit einer äuſserst geschickten Verteilung der Gruppen, die uns bedeutender, frischer und künstlericher anmutet als das Bild der Hauptseite. Hier begegnet uns dasselbe Motiv, nur halten Viktorien mit Tropaien im Arm den medusengeschmückten Clipeus, und links wie rechts halten Eroten eine von den Schmalseiten ausgehende Guirlande. Der Palmenbaum, sowie die darunter sitzenden trauernden Gefangenen lassen vermuten, daſs die Garnison des hier beigesetzten Offiziers in Afrika gelegen hat.[2])

Auch die Einsetzung des Porträts in diesen Schild ist nicht auf direktem Wege erfolgt. Vielmehr war die ursprüngliche Darstellung: die Geburt der Venus aus der sich öffnenden Muschel, umgeben von Seekentauren und Seegöttinnen. So zeigt sie ein Sarkophag im Louvre.[3]) Natürlich war diese Szene nur für Frauen verwendbar, die als Venus Anadyomene aufgefaſst und dargestellt werden sollten. Erst als das Motiv sich eingebürgert hatte, löste man es aus seiner Umgebung. Bald verwandte man nur das Brustbild im Rund, bald übertrug man dieses Porträtmedaillon auf Männer. In naiver Weise sehen wir in derselben Umgebung, in ähnlicher Darstellung auf zwei anderen Louvresarkophagen [4]) genau an derselben Stelle die Muschel mit männlichen

---

1) Vgl. auch Landsdowne House Anc. Marbles 98; Genf Musée Fol. Catal. 1361; Pozzo XVIII, 64; Florenz einst Pal. del Nero Gori III, S. 157, ferner III, 31 a.

2) Vielleicht ist es nicht Zufall, daſs eine diesen Viktorien äuſserst ähnliche geflügelte Figur, die ein Füllhorn trägt, mit demselben Gewandfluſs und Faltengebung, sich in Karthago befindet; vgl. Musées de l'Algérie tome II, 1899, pl. II.

3) Clarac pl. 224, 384; andere Beispiele Lateran [App. 356], Gerhard A. B. 100.

4) Clarac 206, 46 a; 207, 404.

Porträts erscheinen. Hier hat der Künstler ohne Gewissensbisse sein Modell kopiert und mit gröfster Unbefangenheit das männliche Porträt dem Venusbilde substituiert.

Erst durch Eliminieren des Bildes aus der Umgebung der Seegottheiten, durch Ersetzen des Venusbildes durch das Porträt, entsteht jene Reihe von Sarkophagen mit Medaillonsporträts.

Die Guirlande ist weggefallen, das stoffliche Interesse hat auch hier das dekorative überwogen. Was die Cippi uns im kleinen von der Eutwickelung des ersten Jahrhunderts n. Chr. gelehrt haben, das sehen wir hier im grofsen. Der Sarkophag im zweiten Jahrhundert soll zu den Menschen reden, und daher entsteht jene für uns so herrlich lehrreiche Klasse von Denkmälern mit mythischen Szenen.

3. Der Unterschied zwischen den griechischen und römischen Sarkophagen der Kaiserzeit.

Aus rein praktischen Erwägungen hat man in der grofsen, nur den Inhalt darlegenden Publikation der antiken Sarkophagreliefs an der Einteilung in eine griechische, griechisch-römische, römische Klasse festgehalten. Es entstehen so Gruppen, in denen die einzelnen Typen vorbildlich geschaffen wurden. Andererseits wäre, selbst wenn der Versuch gemacht worden wäre, an einer chronologischen Reihenfolge, die im einzelnen bis jetzt tatsächlich unmöglich ist, festzuhalten, die Trennung zusammengehöriger Stücke oft die Folge gewesen. Allerdings hat man dadurch eine gewisse Unklarheit über die Aufeinanderfolge hervorgerufen und auch nicht die Gelegenheit gefunden, in systematischer Weise volles Licht darüber auszubreiten. Von vornherein zu betonen ist, dafs es sich hier selbstverständlich nur um Denkmäler der Kaiserzeit und zwar des zweiten und dritten nachchristlichen Jahrhunderts handelt. Erleichtert haben nun diese Einteilung ganz wesentlich in die Augen springende Unterschiede.

Bei den griechischen Sarkophagen erstreckt sich die Ausdehnung des plastischen Schmuckes auf alle vier Seiten, aber wie wir schon bei dem typischen Vorbilde, dem Wiener Amazonensarkophage, erkannt haben nicht in der Weise, dafs alle vier Seiten dieselbe Darstellung zeigen, sondern es gehen stets zwei Seiten inhaltlich zusammen, die Vorderseite mit der linken Schmalseite, die Rückseite mit der rechten. Ein treffliches Beispiel bieten die Achilleussarkophage, der Petersburger Sarkophag [1] zeigt auf der Vorder- und der linken Schmalseite Achilleus unter den Töchtern des Lykomedes, die Rückseite und rechte Schmalseite zeigt Kentaurenszenen.

Gelegentlich wird auch die rechte Schmalseite vernachlässigt und die Rückseite dekorativ oder mit wenigen weit auseinandergestellten Figuren geschmückt.

Die römischen Sarkophagarbeiter betrachten die Vorderseite als die

Hauptseite, entweder sie ziehen nun gleichmäfsig beide Schmalseiten zur Verteilung der Szenen heran, oder sie verwenden allgemeinere Darstellungen, Greifen oder Symbole, auf diesen.

Die griechisch-römischen Sarkophage stehen zwischen beiden Klassen. In der Anordnung folgen sie den griechischen, in der Ausführung den römischen. Rein äufserlich zeichnen sie sich durch eine manchmal abnorme Gröfse (bis 3 m) aus. Können die griechischen Sarkophage nie den letzten Schimmer vergangener Blüte verleugnen, so zeigen die griechisch-römischen die charakteristischen Zeichen römischen Ursprungs: die Überfüllung mit Figuren verschiedenster Relieftiefe, den stark pathetischen Zug in Bewegung und Gesichtsausdruck. Besonders beliebt ist die an den Ecken durch stehende oder sitzende Figuren eingerahmte Komposition, wie überhaupt ihr Nachdruck mehr auf den äufserlich streng symmetrischen Bau der Gruppen, als auf scharfe Charakteristik und klare Motivierung der Situation gelegt ist.

Die Annahme wäre äufserst verlockend, diese Einteilung, die lediglich auf der Anordnung beruht, entspreche dem historischen Entwickelungsgange. Doch dem ist nicht so. Wenn wir vielmehr die Achilleussarkophage betrachten, so gewinnen wir die Überzeugung, dafs die älteste römische Gruppe auch die ursprünglichste ist. Sie betont am stärksten das Charakteristische des Vorganges, den wirkungsvollen Kontrast des in Mädchenkleidern dahinstürmenden Achill, besonders die Verkleidung als Mädchen. Daher zeigt der Sarkophag auch noch in der Mitte an sichtbarster Stelle den Schuh, den Achill hat fahren lassen, den die griechischen Sarkophage aber darzustellen versäumen. Ebenso sind die fliehenden Schwestern der Deidameia streng symmetrisch zu beiden Seiten komponiert.

Den gröfsten Gegensatz bilden die griechischen Sarkophage, sie haben die Richtung des Vorganges nach links verlegt und zeigen deutlich durch die Gleichgültigkeit gegen das Charakteristische, wie bekannt und verbraucht der bildliche Typus in der Zwischenzeit geworden ist.

Anders die griechisch-römischen, sie behalten zwar den architektonischen Aufbau der griechischen Sarkophage bei, sie schliefsen sich aber in der Strenge der Komposition und in dem Schema der Darstellung den römischen an. Und doch ist aus stilistischen Gründen ein zu grofser zeitlicher Abstand zwischen ihnen und jener römischen Gruppe anzunehmen, als dafs sie etwa chronologisch dazwischen eingeschoben werden könnten. Vielmehr bilden sie, wie wir weiterhin erkennen werden, eine völlig geschlossene, etwa aus einer einzigen Kunstkolonie hervorgegangene Gruppe. Nun ist der griechisch-römische Pelopssarkophag[1]) in Athen gefunden, der Meleagersarkophag in Salona[2]) ist, wie Lepsius auf Grund einer Probe erklärte, aus pentelischem Marmor gefertigt. Man tut also am besten, die griechisch-römischen Sarkophage nicht von den griechischen zu sondern, sondern etwa dahin den Unterschied zwischen beiden Klassen zu formulieren, daß wir es bei den griechischen mit dem vornehmen Typus zu tun haben, während die griechisch-römischen dem vulgäreren Geschmacke Rechnung tragen, vielleicht für römische Käufer gearbeitet sind.

Unverkennbar sind die griechischen Sarkophage an der starken Umrahmung des Reliefs nach oben und unten hin. Es ist dies ein griechischer Zug, der besonders bei dem pergamenischen Altare auffällig ist und nirgends anschaulicher, als bei dem Gegensatze zwischen griechischen und römischen Sarkophagen entgegentritt. Eng damit zusammen hängt die Verschiedenheit der Profilierungen, wie kompliziert sind die Profile der sidonischen Sarkophage, wie bombastisch wirken die der griechischen Sarkophage der Kaiserzeit. Ein römischer Sarkophag brauchte nur — und das ist der Fundamentalunterschied — aus vier kastenartig zusammengestellten Reliefs zu bestehen und er wäre fertig, eine Regel, die nur selten durchbrochen wird.

Unter den griechischen Fabriken, die sich mit der Verfertigung von Sarkophagen abgegeben haben, läßt sich eine ganz besonders aussondern. Der Fundort weist bei einigen Stücken nach dem Osten, doch ist es anzunehmen, daß sie in Athen verfertigt und von dort exportiert sind. Die hier in Frage kommende Gruppe kennzeichnet sich durch Eckkaryatiden. Ihr bestes Exemplar ist der Hippolytossarkophag in Konstantinopel.[3]) Mit seinen reichgeschnitzten Ornamentbändern und den statuarisch auf besonderen Postamenten hervortretenden Eckfiguren, macht der Sarkophag den Eindruck einer Holztruhe, die durch starkes Hervortreten der Umrahmung das eigentliche Flachrelief wirksam gedämpft werden läßt. Das obere Ornamentsystem ist ein vierfaches, Astragal, Eierstab, lesbisches Kyma und Wellenranke, unten erscheint es nur zweifach aber in größeren Proportionen, ein lesbisches Kyma und ein doppeltes Flechtband. Hierin und in der Anbringung der Eckkaryatiden mit ihren durch Tierbilder belebten Postamenten stimmt ein Achillessarkophag im British Museum.[4]) Auch der teilweise verschollene Sarkophag[5]) dieser Gattung, von dem sich einige Stücke in Ny-Carlsberg

---

1) [App. 2063].
2) Sarkophagreliefs III², 220.
3) Sarkophagreliefs III², 144.
4) A. a. O. II, 23.
5) A. a. O. II, 24, Taf. XIII.

und Vigna Jacobini erhalten haben, hat teilweise das Ornament und am unteren Friese die Tierbilder bewahrt.

Unser Hippolytossarkophag dehnt diese Ornamentik nur auf Vorderseite und rechte Schmalseite aus, die linke zeigt nur eine Sphinx mit Widderschädel, die Rückseite das hierher verbannte Guirlandenornament. An den Ecken halten es griechische Bukranien, in der Mitte ein nach rechts blickender Adler. Auf der Guirlande in dem Halbrund erscheinen Löwengreifen. Auch die anderen Stücke dieser Gruppe sind an dieser Guirlandendekoration erkennbar, so zeigt der Achillessarkophag in Barile [1]) dieselben Greifen auf den Guirlanden, den Adler nach links gewandt. Auch der allein noch übrige Rest von der Rückseite eines Herakles-sarkophages [2]) ist vermutlich über einer Guirlande angebracht gewesen, ein anderes Fragment in Orvieto zeigt einen Greifen nach rechts gerichtet. [3])

Schon an diesem äufseren Detail wäre die Zugehörigkeit des schönen Amazonensarkophages aus Saloniche im Louvre [4]) zu dieser Gruppe erkenntlich. Auch hier sind Eckkaryatiden verwandt, sie sind aber nicht so frontal gestellt wie auf dem Hippolytossarkophage, sondern greifen nach den Schmalseiten über, die beide die Szenen der Hauptseite erweitern. Die Rückseite hat nur statt der Bukranien bärtige Hermen mit Tierfellen bekleidet verwandt, sonst spricht sich hier gerade in der Bildung der Greifen, in der fast Blatt für Blatt übereinstimmenden Ausbildung der Fruchtguirlande eine überraschende Ähnlichkeit mit dem Hippolytossarkophage aus. Wir brauchen nur einen Blick auf die Haartrachten der Frauen auf beiden Denkmälern zu werfen, um ihre gleichzeitige Zugehörigkeit in die gute Antoninenzeit zu erkennen.

Auch die so vielfach besprochenen Fragmente aus Tarent [5]) mit den Resten von Eckkaryatiden gehören in diese Gruppe. Gerade die sechsfache Wiederholung desselben Musters zeigt, wie handwerksmäfsig um diese Zeit in den Werkstätten gearbeitet wurde.

Eine jüngere Gruppe läfst zwar die Eckkaryatiden fort, aber die kleinen mit Tierszenen geschmückten Konsolen bestehen. Auch verwendet sie dieselben Ornamente, unten das lesbische Kyma und das Flechtband, oben Astragal, Eierstab und lesbisches Kyma. So der

---

1) A. a. O. II, Taf. X, 22 c.

2) III[1], 99 c.

3) [App. 1420]; vgl. auch das Fragment II, 74.

4) II, 69.

5) Jahreshefte d. österr. Inst. I, 1898, Fig. 18 u. 25; Robert Hermes XXXVI, 1901, S. 399.

Meleagersarkophag in Athen.[1]) Die rechte Schmalseite zeigt einen Löwengreifen einen Stier zerreißend, die Rückseite weicht von dem früheren Typus ab. Zwei Löwen sitzen wappenartig um ein Gefäß, die Tatzen auf dasselbe auflegend. Die Ecken sind an der Vorderseite gar nicht betont, an der Rückseite durch einfache Baumstämme. Dieses Motiv begegnet uns auf der Vorderseite des in Konstantinopel befindlichen Hippolytossarkophages[2]) wieder, daß dieses Vorkommen aber kein zufälliges ist, beweist die frappante stilistische Übereinstimmung der Jünglingsköpfe.

Verständlicher ist es, wenn der Künstler, statt die Eckkaryatiden fortzulassen, die, wenn sie statuarisch hervortreten, ganz geeignet waren, eine seitliche Abgrenzung zu bilden, an ihre Stelle Figuren aus der Szene, aus dem mythischen Zusammenhange entnahm. Diesen Weg sehen wir sie auch auf den griechisch-römischen Sarkophagen einschlagen. Die Hippolytossarkophage umgeben die eigentliche Szene mit den Gefährten des Helden, der Sarkophag in Girgenti[3]) zeigt an der linken Ecke einen Jüngling, der ein Roß hält, rechts ist ein anderer auf einen Stab gestützt hingestellt, der Petersburger Sarkophag[4]) hat mehr pendentsmäßig die Rossehalter nach außen geschoben, die eigentliche Begrenzung bilden Jünglinge mit Jagdhunden. Von hier wandert das Motiv auf die Achillessarkophage[5]) über, das Exemplar im Louvre verwendet dieselben Rossehalter, die sie von dort übernommen haben, ohne daß die Szene eine Rechtfertigung für die hier ganz unpassenden Figuren gewährt. Der sogenannte Sarkophag des Alexander Severus im Kapitolinischen Museum[6]) hat noch mehr als das Louvreexemplar einen starken Accent auf die Ecken gelegt, hauptsächlich erreicht es diese Wirkung durch die auf jeder Seite sitzende bärtige Figur, ein Motiv, das vermutlich aus der Wandmalerei übernommen ist. Es wird mit Vorliebe von Denkmälern dieser Klasse verwandt, ist aber ursprünglich von römischen Sarkophagen übernommen. Es ist nicht uninteressant, wie dieselbe Darstellung auf zwei ganz verschiedene Mythen angewandt und angepaßt wird, einmal ist es die von Dienerinnen umgebene Phaidra in der Szene des Antrags gegenüber Hippolytos[7]) mit seinen Jagdgenossen, das andere Mal Adonis in der Szene des Abschieds von Aphrodite. Dem strengen Festhalten an symmetrischem Aufbau und streng durchgeführtem Entsprechen der Gruppen fällt die Einheitlichkeit der Ereignisse öfters zum Opfer, wenn auch die Fälle immerhin

1) III², 216; vgl. auch II, 23, II, 74.
2) III², 151.   3) III², 152.   4) III², 154.
5) II, 26.   6) II, 25.   7) Z. B. Arles III², 160.

selten sind, wo Ereignisse, die nicht gleichzeitig sein können, zusammen-gefafst werden. [1])

Auch die anderen Provinzen haben jede ihren eigenen Grab- und Sarkophagtypus. In Germanien und Gallien bringt man auf den Grabdenkmälern die Statue des Verstorbenen oder Szenen des täglichen Lebens, besonders gerne Bilder, die das Gewerbe des Verstorbenen illustrieren, an. Bei den Stadtrömischen trägt man dem Verlangen des Publikums soweit Rechnung, dafs man seit dem Ende des zweiten Jahrh. n. Chr. dem mythischen Helden die Züge des Verstorbenen gibt und an Stelle der Masken und Medusenköpfe Porträts einsetzt. Für das Gebiet von Aquileja, sowie für ganz Noricum und Pannonien sind die pyramidenförmigen Aufsätze mit konkaven Seitenflächen verschiedenster Gröfse typisch, deren man sich zur Bedeckung der als Altäre gestalteten Ossuarien bedient. [2]) In Oberitalien ist besonders eine bestimmte Art von Hausform üblich. Der Kasten zeigt die verschiedensten Arten von Säulenschmuck, ein Tabernakel mit Seitennischen, eine fortlaufende Reihe von Bogen oder in der Mitte eine grofse Inschrifttafel. Das Dach wird sorgfältig mit Dachziegeln und Schindeln ausgelegt, an den Ecken aber, wo das Giebeldach auf dem Kasten aufliegt, sind Porträtnischen er-richtet, die wie Kugelsegmente einen runden Umrifs nach innen haben. An ihnen sind die Protome angebracht, links des Mannes (Vaters), rechts der Gattin (Mutter). [3])

Die stadtrömischen Sarkophage zeichnen sich gröfstenteils durch höchste Einfachheit der Form, Beschränkung aller konstruktiven Teile und grofser Sparsamkeit in der Dekoration aus. Alle Mühe und Arbeit wird auf das Relief verwandt. Hier spiegelt sich der vollständige Ent-wickelungsgang der Plastik der Kaiserzeit, die unruhigen, tastenden Kunstversuche einer reichbewegten Zeit wieder. Durchweg unterscheiden sich die römischen Sarkophage von den griechischen, dafs sie allmählich aufhören, sich um die der antiken Welt unantastbaren Gesetze zu kümmern: im Gegensatze zu der alten Vorliebe für isolierte Figuren zeigen sie die stärksten Überschneidungen, sie lassen das Gesetz des Isokephalismos fallen und lieben wilde Knäuel von verschlungenen Gruppen. Die Proportionen weichen einer neuen perspektivischen Auf-

---

1) Untergang der Familie des Priamos II, 47 c; Hektors Schleifung II, 45; Hippolytos III², 161, 163.

2) Ueber ähnliche Grabaufsätze in Germanien und Belgien vgl. Hettner, Die röm. Steindenkmäler des Provinzialmuseums zu Trier, Nr. 212.

3) Dütschke S26, S56; Malmusi, Mus. Lapid. Modenese 1830, Nr. XXII, XXV, LXIV, spätere XXXIX, LIX, LXIV; Tortona, Conze Arch. Ztg. 1867, 78.

fassung, es erscheinen oft ganz kleine Figuren im Vordergrunde neben grofsen im Hintergrunde. In der Antoninenzeit tritt in Bewegung und Gebärde der stark pathetische Zug auf, der sich auch in der grofsen Kunst findet.

Das Eigenartigste bringt aber eine Klasse von Sarkophagen hervor, die wir mit Robert die staffelförmigen nennen wollen. Es ist die jüngste Gruppe der Phaeton, der Endymion und Rhea-Silvia-Sarkophage, die in diesem Stile gearbeitet sind (vgl. Fig. 16). Auch der Vatikanische Penthesileasarkophag zeigt ihre charakteristischen Eigentümlichkeiten, die in der zersetzenden Analyse Alois Riegls [1]), in seiner feinsinnigen Studie über spätrömische Kunstentwickelung, besonders treffend hervorgehoben werden, weshalb ich diese Schilderung hier einschalte. „Die Figuren decken einander in mehrfachen Reihen, setzen somit verschiedene Tiefen voraus; dafs es sich aber um keine Raumkomposition im modernen Sinne handelt, beweist nicht allein die Grundebene, auf welcher die hintersten (obersten) Figuren absetzen, wiewohl diese Grundebene nicht die Höhe, wie am Titusbogen erreicht, sondern auch das Übereinander der Figuren an Stelle des Hintereinanders, und endlich die ungleiche Gröfse der Figuren, von denen die kleinsten zum Teile den vordersten Grund einnehmen. Trotz des mehrfachen Hintereinanders sind die Figuren im Gedränge derart zusammengeprefst, dafs sie der Grundebene möglichst nahe bleiben und ihren Zusammenhang mit derselben unverkennbar demonstrieren. Die künstlerische Hauptsache bleibt infolgedessen die Ebenkomposition, und diese ist sowohl eine zentralistische als eine kontrapostische. Eine Gestalt in der Mitte bildet die Dominante, um welche die übrigen Figuren gleichsam zu rotieren scheinen. Diese Figuren sind sämtlich in heftigster Bewegung, und weil sie sich wechselseitig vielfach decken, erregen sie den Eindruck bunter Verwirrung und Unklarheit. Die Lösung wird bewerkstelligt durch Einschiebung von vier Figuren mittlerer Gröfse, die in regelmäfsigen Abständen zwischen der dominierenden Mittelfigur und der Masse der flächenfüllenden kleinen Figuren verteilt sind." Dieses Kompositionsprinzip kehrt aber nicht auf allen Monumenten in gleicher Weise wieder, vielmehr zeigen die meisten terassenförmig übereinander befindliche, aber hintereinander gedachte Schichten. Die Hauptszene ist in die Mitte der mittelsten verlegt, die oberste Reihe der Komposition bildet eine Reihe von Naturgottheiten, während die unteren Ecken ähnliche Wesen und Personifikationen einnehmen. Auf dem Phaëton- und Penthesileasarkophag ist das wilde

---

1) Die spätrömische Kunstindustrie. Wien 1901, S. 73.

Getümmel, die aufgeregten, zunächst schwer entzifferbaren Gruppen beabsichtigt [1]). Sie sind aber mehr durch die Situation als durch den eigentümlichen Kompositionsstil hervorgerufen. Die schwere Unverständlichkeit löst sich aber, wenn wir die Erklärung in einer anderen Technik suchen und zwar wie schon C. Robert bei der Besprechung des Mosaiks von Portus Magnus richtig erkannt hat, in der Behandlung der Mosaikgemälde. Nicht nur, daſs die Verwandtschaft dieser Sarkophaggruppe und der Mosaiks sich auf die Technik erstreckt, auch die einzelnen Typen sind von diesen übernommen [2]). Gerade die Mosaiktechnik, die sich bemüht, die Gegenstände in äuſserster Fernsicht darzustellen, erklärt dieses eifrige Bestreben, den Reliefgrund durch zusammengeballte Gruppen zu verdecken. Damit fällt aber auch ein wesentliches Moment, daſs dieser Kompositionsstil eine gewisse Rolle in der Geschichte der römischen Plastik spielt, in sich zusammen. Vielmehr bildet die ganze Sarkophagklasse eine ganz geschlossene Gruppe, die in den ersten Jahrzehnten des III. Jahrh. n. Chr. auftritt und ebenso rasch verschwindet. [3])

Sie wird abgelöst durch eine äuſserst einfache Nebeneinanderreihung von Figuren, klare, aber rohe und leblose Massen, ohne richtiges Gefühl für Proportionen, ohne intensives Beobachten von Stellungen und Gebärden. Alles Komplizierte, alles Gesuchte ist diesem folgenden Stile verhaſst, ungekünstelt in Gruppierung und Stellung sucht man durch rillenartige Umreiſsung der Figuren, durch tiefe Schattenwirkungen ein plastisches Bild zu erreichen.

---

1) Vgl. zu d. Penthesileasarkophag im Belvedere, Sarkophagreliefs II. S. 113, Anm. 1, die Worte Goethes: „Dieses merkwürdig verschlungene Kunstwerk war von jedem Punkte ringsum gleich günstig anzusehen.“

2) Vgl. die oben ruhenden Göttergestalten auf dem Berliner Mosaik (Jnv. 177): Satyrn beim Schlauchtanz.

3) Für die künstlerische Bedeutung dieser zentralistischen Achsensysteme ist es bemerkenswert, daſs Michelangelos Erstlingswerk, der „Kampf der Lapithen und Kentauren“ in der Casa Buonarroti zu Florenz an diese Kompositionsweise anschlieſst.

4. Schmalseiten und Deckel.

Wir wenden uns nun zu der Dekoration der Schmalseiten, aber ehe wir zu der Frage übergehen, in welcher Beziehung diese Nebenseiten zu der Hauptseite stehen, verdient eine kleine Eigenheit der römischen Sarkophage unsere Aufmerksamkeit. Der gröfsere Teil der römischen Monumente hat m. E. auf kleinen, postamentartigen Stützen gestanden, von denen wol aus Unachtsamkeit früherer Jahrhunderte die wenigsten erhalten sind. Sie dienen dazu, das Monument, das im Gegensatze zum griechischen Sarkophage keine reichornamentierten oder durch Profilierung hervorgehobenen Plinthen in der Regel besitzt, von der Umgebung zu isolieren und den Gesamteindruck zu erhöhen. So ruht der Orestes-sarkophag [1] im Lateran auf zwei Marmorbalken, deren Stirnfläche zwei nackte, bärtige Atlanten mit struppigem Haupt- und Barthaar zeigen, der linke ruht auf dem linken, der andere auf entgegengesetztem Knie. Beide umfassen mit erhobenen Händen zwei runde Gegenstände, in denen man Enden von Tragstangen erkannt hat.

Auf gleichen Stützen ruht der aus derselben Grabkammer und ver-mutlich von derselben Hand herrührende Niobidensarkophag im Lateran. [2] Ferner auf Atlanten ein Sarkophag in Verona [3], auf Löwentatzen ein solcher aus Orte [4] in Oberitalien und ein Exemplar im Louvre. [5]

Konsolen mit Sphinxen zeigt ein Sarkophag im Pal. Mattei. [6]

So unbedeutet an sich dieses Detail ist, so sehr gewinnt es an Wert, indem es dazu beiträgt, den römischen Sarkophag immer schärfer von dem griechischen abzuheben. Ein wesentliches Moment in dieser Frage spielen, wie wir schon mehrfach gesehen haben, die Schmalseiten.

---

1) Sarkophagreliefs II, 155; vgl. die Atlanten im Athenischen Theater und die Figuren, die auf dem Marssarkophag des P. Albani (III², 194) das Sopha tragen.

2) Benndorf-Schoene 427.

3) Dütschke 947.

4) Montfaucon antiqu. expl. V, suppl. pl. LIII.

5) Clarac 25, 64; Bouillon III, 10.

6) Matz-Duhn 2749.

Auf dem griechischen Sarkophage geht eine Hauptseite mit einer Schmalseite zusammen, auf dem römischen werden beide gleichmäfsig oder gar nicht in die Darstellung hineingezogen. Sie werden wirklich immer mehr zur Nebenseite, und nur bei ganz sorgfältig gearbeiteten und besonders köstlichen Stücken verwendet der Künstler Zeit zu guter Durchführung. Als solches kommt ein so vorzüglicher Sarkophag wie der Aktaeonsarkophag im Louvre[1]) in Betracht, der, wenn auch bei den Guirlandensarkophagen die gleiche Dekoration auf den Schmalseiten selbstverständlich ist, durch Anbringung ebenso sorgfältig gearbeiteter Szenen hervortritt. Bei verschiedenen Mythen liegt es dann besonders nahe, eine einzelne Szene als besondere Gruppe auf den Seitenflächen zu verteilen, so bei den Achilleussarkophagen, dem Lenkippidenmythus.

Ist dies aus dem Mythus heraus nicht möglich, so hilft man sich durch Assimilierung, Jagdszenen oder Leute mit Jagdgeräten treffen wir auf Meleagermonumenten an. Bei den Musensarkophagen ist es typisch geworden, eine Muse neben einem Dichter darzustellen, bacchische Sarkophage zeigen Satyrn und Nymphen; Kentauren und Erotendarstellungen setzen Eroten auf Seetieren, dem Süjet entsprechend, auf die Schmalseiten.

Neutral sozusagen, d. h. für alle übrigen Fälle reserviert, sind die Greifen und Sphinxe[2]), sie entsprechen dekorativ den attischen Grabsirenen. Wegen seiner reizvollen Anmut verdient die Schmalseite eines in Salerno[3]) befindlichen Stückes erwähnt zu werden, eine Sphinx, deren einer Flügel gesenkt, der andere gehoben ist, ruht mit verschränkten Vorderfüfsen an einem Felsen hingelagert und wendet den Kopf zurück. Die Stellung ist äufserst glücklich gewählt. Zu den Füfsen liegt der Kopf eines getöteten Rindes. Der Typus ist der gewöhnliche, oft wiederkehrende, aber die Ausführung hat die typische steife, ornamentale Figur in ein lebensfähiges Wesen verwandelt.

Dasselbe Gesetz, das sich hier im stillen bemerkbar macht, die Szenen der Schmalseite in Responsion mit der Hauptseite zu bringen oder nur mit dekorativen Nebensächlichkeiten zu erfüllen, erstreckt sich auch auf den Deckel.

Die römischen Sarkophagdeckel, nur in den seltensten Fällen erhalten, sind flach und schmal. Masken bilden die Ecken, ein niedriger Rand dazwischen mit skulpierter Fläche schafft einen kastenartigen Aufsatz. Dies ist der gewöhnliche Typus des ersten und zweiten Jahrhunderts, wie ihn schon der Aktaeonsarkophag zeigt.

---

1) III[1], 1.
2) Berlin, Nr. 1454, Rückseite eines Sarkophages.
3) [App. 310].

Im Gegensatze zu der Hauptseite ist der Schmuck dekorativ gehalten. Nur die griechisch-römischen Sarkophagarbeiter können sich nicht genug tun, alle Teile mit Reliefs zu füllen, die römischen Monumente begnügen sich meist mit einer Hauptszene. Kleine schwebende Eroten mit Guirlanden sind ein noch immer beliebter Stoff[1]), der öfters durch dazwischengesetzte Adler variiert wird.[2]) Das ganze Repertoire römischer Handwerkskunst wird hier wieder verwandt, Sphinxe um Kandelaber[3]), kleine stieropfernde Eroten, dazwischen Balaustren; den Ernst des Monumentes sucht man durch tändelnd anmutige Gegenstände abzuschwächen. Fruchtguirlanden mit Bukranien oder eine einfache Wellenranke, die in der Mitte aus einem Akanthusblatte herauswächst, werden von der Architektur friesartig übernommen.

Im zweiten Jahrhundert gewinnt der Deckel an Bedeutung, indem hier die Inschrift angebracht wird. Es ist dies etwas ganz Neues, denn bisher war der Ort für die Inschrift der obere Rand des Sarkophagkastens. In höchst dezenter Weise sehen wir hier noch, wo nicht bei abermaliger Benutzung absichtlich oder durch sonst mißliche Umstände zufällig die Inschrift vernichtet ist, den Namen des Verstorbenen erhalten. So auf dem Sarkophage des C. Bellicus in Pisa[4]), so auf dem Lenkippidensarkophage in Florenz[5]) und anderen. Ein Monument[6]), aus der Mitte des zweiten Jahrhunderts etwa, in Klineform trägt den Namen auf der Schwinge des Bettes.

Sonst ist es Mode geworden, in monumentaler Weise auf einer Inschrifttafel den Namen des Verstorbenen hier zu verewigen. Die Tafel nimmt die Mitte der Vorderseite des Deckels ein, Guirlanden von Eroten gehalten oder andere Füllstücke zur Seite. Hierdurch erhält der Deckel eine intime Beziehung zum Toten, die sich auch auf symbolische Andeutung seiner Würden und Ämter erstreckt. Ein Berliner Sarkophag[7]) zeigt auf dem Deckel Musen und Gelehrte in den verschiedensten geistigen Beschäftigungen. Einem Jagdliebhaber C. Tutilius Rufinus[8]) hat man Jagdszenen dargestellt, auch Löwenjagden[9]) finden sich derartig ver-

---

1) Berlin, Beschr. d. ant. Skulpt. 850; Sarkophag III[1], 48; Mus. Capitol IV, 60; Vatikan [App. 378]; Pistolesi III, 50.

2) II, 167.

3) II, 27; vgl. Sphinxe mit Lotosblüte auf einem Sarkophag von Kneifedt, Renan mission pl. LVII, Fig. A.

4) Dütschke 128.

5) Sarkophagrel. III[2], 180.   6) III[1], 86.

7) Beschr. Nr. 844.

8) Ince Blundle VI, pl. 126.

9) Mél. grecs 1885, pl. X; Gori III, 45, 7.

wandt, Knaben in der Palästra oder auf Viergespannen sich tummelnd. [1]

Figur 30.
Sarkophag von der Via Salaria (s. S. 84).

Der oben abgebildete Offizierssarkophag zeigt die Anfertigung der Waffen

1) Michaelis Anc. Marbles, Nr 48; Notiz. d. scavi 1889 S. 358.

durch Eroten, doch ist hier bereits statt der Erotenschmiede in der Mitte der einfach von Eroten gehaltene Clipeus eingetreten (vgl. S. 84). Die Ehesarkophage zeigen die Parcen und kapitolinischen Götter. Hat die Verstorbene das Amt einer Priesterin bekleidet, so deuten Fackeln uns dies auf dem Deckel an.[1] (Vgl. Fig. 32).

Seltener findet sich Bezug auf die Hauptdarstellung genommen. In den meisten Fällen sind hier bestimmte Klassen von Darstellungen vertreten, wo man das Genre beibehält, so die dionysischen Sarkophage, wo ein Gelage von Satyrn und Nymphen typisch geworden ist.[2] Auch Seetiere oder Kentauren mit Nymphen oder Amoretten auf Seetieren finden sich.[3] Eine Ergänzung der mythischen Scenen, wie bei den Niobidensarkophagen und einem Amazonensarkophage[4]), ist aber selten.

Eine junge Form des III. Jahrhunderts zeigt lünettenartig an dem Deckel ahgeteilte Zwickelfelder, so der Endymionsarkophag (Fig. 16), die mit statuarischen Scenen, aber auch dem Porträt des Verstorbenen, angefüllt sind.[5]

Zum Schlufse möge auch an dieser Stelle nochmals betont werden, dafs bei den römischen Klinesarkophagen die Angabe der Bettkonstruktion aufgegeben ist, das was übriggeblieben ist, ist ein einfaches Polster mit dem darauflagernden Verstorbenen oder dem Ehepaar, umgeben von Amoretten. In diesem Sinne kann also auch diese Gestaltung noch als eine besondere Form des Deckels hinzugefügt werden.

---

1) Sarkophagreliefs II 26; Clarac 127, 148—149; 165, 72; 236, 190; 166, 73, 76, u. s. w.

2) Mélanges grecs 1885 pl. XI; Mus. Taurin. I. 7. Taf. CCXXIII; Clarac 205, 45; 225, 160; Matz-Duhn 2331; vgl. auch den Sark. Casali in Ny-Carlsberg, Glypt. pl. 151; Lateran Benndorf-Schoene 373.

3) Sark. III. 40; Mon. d. Inst. VI. Taf. 26; Mél. grecs 1885 pl. IX.

4) München Brunn 205; Mus. Pio. Clem. IV. 17; Sark. III. 77, 78; vgl. II. 77, 155, 183, III. 1.

5) Vgl. den Endymionsark. III. 83, Taf. XXIV. Clarac 192, 164; Fröhner Cat. 313, 314; Mich. A. M. Nr. 232; Dütschke (Verona) 435; Matz-Duhn 4263; 2756.

5. Zur Datierung der Sarkophagtypen.

Bei dem Mangel an datierbaren Denkmälern der Kaiserzeit und der noch immer bestehenden Unklarheit über die späteren Epochen stößt die Datierung der römischen Sarkophage auf große Schwierigkeiten, die auch Riegl in seiner Schilderung von der Entwickelung des spätrömischen Reliefstils nicht gänzlich überwunden hat. Die Schwierigkeit wird dadurch noch vergrößert, daß die Ansichten der modernen Forscher über die Anfänge und Ausgangspunkte der römischen Kunst ebenso über das Kunststreben der nachantoninischen Zeit so gewaltig auseinandergehen.

Zur Datierung bieten sich zwei Hilfsmittel, erstlich die Inschriften, die meistens versagen, da sie nur in geringer Anzahl vorhanden oder ursprünglich sind, vielmehr noch zu Irrtümern Veranlassung geben können, wie denn viele Monumente mehrfach benutzt oder sogar bei dem Unbekanntsein der Toten wertlos sind.[1] Untrüglicher sind stilistische Eigentümlichkeiten, so besonders die Haarmoden. Bei den Männern kommt der Bart unter Hadrian auf und hält sich ungefähr bis unter Septimius Severus, kommt dann eine Zeitlang ab, wird aber bald wieder allgemein. Ebenso unverkennbar sind einige Frisuren der Frauen, so diejenigen der beiden Agrippinen und aus trajanisch-hadrianischer Zeit das Aufkommen des zu einem Wulste hochgetürmten Haares. Die Antoninenzeit kennzeichnet sich durch jene gewöhnlich attische oder Melonenfrisur benannte Manier, die bereits bei den Griechen des IV.—III. Jahrhunderts und mit einiger Modifikation des Knaufes im augusteischen Zeitalter üblich war. Durch die aus dem Gesichte gestrichenen, rückwärtsgescheitelten und hinten in einem Flechtennest zusammengesteckten Haare wird der Umriß des Kopfes nach hinten verlängert, erhält das Gesicht ein mädchenhaftes Aussehen. Daneben kommt die Stirnschleife auf, wie der Apollo von Belvedere sie trägt[2], mit kurzem Nackenknoten.

---

[1] Wie unter Umständen Beigaben von Münzen irreführen können, zeigt ein Sarkophag in Trier (Hettner 312), wo neben einer Münze des Caracalla ($\bar{a}$ 211) eine des L. Verus ($\bar{a}$ 162) gefunden ist, die vermutlich der Umschrift Concordia und des Sinnbildes wegen (zwei sich die Hände reichende Figuren) mitgegeben worden ist.

[2] Diese Frisur kommt übrigens schon auf rotfigurigen Vasenbildern vor Wien. Vorlegebl. Ser. II. 6. 2.

Das dritte Jahrhundert zeitigt dann jene tief in den Nacken herabhängenden schopfartigen Wulste, die oben auf dem Scheitel in einem kissenartigen Aufbau ihren Abschluſs finden.

Soweit die Frisuren. Auf gelegentliche Begleitumstände ist nur dann etwas zu geben, wenn das Monument seinem Stile nach in dieselbe Zeit wie die gefundenen Gegenstände gehört. Solange wir aber nicht imstande sind, die römischen Ziegelbauten zu datieren, können wir nie sichere Schlüſse von der Grabanlage auf die Monumente machen.[1]) Ebenso schwankt die Angabe der Pupillen und Augenbrauen, jedoch werden sie von der Antoninenzeit ab allgemein angedeutet.

Das erste nachchristliche Jahrhundert nun füllen die Guirlandensarkophage. In die augusteische Zeit gehört der Berliner Sarkophag, mit der decenten Verwendung von Guirlande und Bukranien, mit den einfachsten Füllstücken, in ausgesprochen malerischem Charakter. Die Schmalseiten werden gelegentlich mit einfachen Lorbeerzweigen und bescheidenen Geräten gefüllt. Diese Opferutensilien treten dann allmählich Gorgoneien und Masken den Platz ab, ebenso wie etwa um die Mitte des Jahrhunderts Eroten und Niken die Bukranien und Widderköpfe verdrängen. In diese Zeit haben wir den Aktaeonsarkophag im Louvre einzureihen (vgl. S. 79), der unter den mit Scenen geschmückten Stücken sicher das älteste ist. An das Ende dieses oder den Anfang des II. Jahrh. ist dann der in Pisa befindliche Guirlandensarkophag des C. Bellicus Thebanianus zu setzen, von dem wir auf Grund der Arvalakten wissen, daſs sein Vater C. Bellicus Natalis im Jahre 68 Konsul war, er selbst im Jahre 87 zusammen mit D. Ducenius Proculus das Konsulat bekleidete.

Wir haben hier einen jüngeren Typus vor uns, die Guirlanden tragen Niken, Korybanten, Eroten, die Scenen zeigen einen Hermaphroditen und Pan, sowie Gefangene um ein Tropaion. Aus den zarten Blumen und Fruchtgewinden werden dicke, starke Guirlanden und in die Reihe der Füllobjekte dringt das Porträt ein.[2])

Sarkophage mit mythischen Scenen sind im ersten Jahrhunderte äuſserst selten. Wo sie auftreten, zeigen sie deutlich, daſs sie nicht für den Sarkophag komponiert, sondern vom Wandrelief übernommen sind, so die zwei unter sich ganz verschiedenen Heraklessarkophage[3]) mit

---

1) Aus dem Fehlen von Columbarientafeln mit der Inschrift eines Aelius oder Aurelius ist zu entnehmen, daſs Grabanlagen mit Nischen und eingemauerten Ollae im III. Jahrh. n. Chr. nicht mehr vorkommen.

2) Etwa aus der Zeit Trajans Journ. Hell. Stud. XX. 1900, Taf. VII. a, b, c.

3) III. 98. III. 125.

Anklängen an ältere Kunstformen, so der ganz singuläre Neapler Musensarkophag. Einen frühen Vorläufer der Säulensarkophage aus Trajanischer oder Hadrianischer Zeit können wir in einem Vatikanischen Fragmente [1]) aufspüren, wenn die Fundumstände nicht trügen.

Das Fragment zeigt noch nicht die später übliche Form der Säulen, sondern kannelierte Pilaster mit italischen Kapitellen und einem Architrav, auf dem der Bogen ruht. In den kleinen Zwickeln erscheinen Eroten mit Fischschwanz. Mitten in diesen ruhigen Rahmen ist eine bewegte Gruppe gesetzt.

Zoëga [2]) berichtet darüber, daſs im Sept. 1792 nahe dem Kloster S. Sebastiani an der Via Appia eine Grabkammer entdeckt wurde. Dieselbe enthielt neben allerlei Ossuarien einen der Fortuna geweihten Altar, der sich jetzt in den Vatikanischen Gärten befindet, verschiedene Tituli, eine Statue der Verstorbenen, einer gewissen Claudia, sowie eine Spes mit Porträtzügen. Aus zweifellosen Gründen aber, fährt er fort, schloſs man, daſs dieses Monument in Trajanische Zeit gehöre. Dazu führe der wiederholt vorkommende Name der Ulpier, sowie die Haarfrisur der Statuen, die denen der Plotina ähnlich sei.

Sicher trajanisch ist ein Bacchischer Sarkophag in Ny-Carlsberg [3]), mit der Darstellung von Bacchus und Ariadne inmitten des Thiasos. Wir können ihn auf Grund der Deckelfigur datieren, die einen gelagerten Mann mit der an Trajanstatuen vorkommenden Frisur zeigt. Interessant ist ein Bohrloch, das durch die Patera in seiner Linken in das Innere führt und bestimmt ist, die Totenspende in den Sarkophag gelangen zu lassen. Dies kommt auch sonst bei etrukischen Monumenten vor.

In die Ausgangzeit der Regierung Hadrians gehören drei zusammen gefundene und, nach der Arbeit zu urteilen, sicher aus derselben Werkstatt hervorgegange Stücke, der Niobidensarkophag im Lateran [4]), ein Orestessarkophag [5]) und ein Guirlandensarkophag. [6]) Auf die gleiche Herkunft der übrigens ausgezeichnet gearbeiteten Stücke weisen schon die oben (S. 94) besprochenen Marmorstützen. Stilistisch zeigen die Reliefs, besonders aber der Niobidensarkophag, viele Momente, die an die groſse Kunst gemahnen. Es ziehen sich leise durch das ganze Relief jene in der griechischen Antike vorgebildeten und noch immer als klassisch anerkannten Gesetze, der pyramidenförmige Aufbau, die klaren organischen Bewegungen, die richtig gefühlten Proportionen und der Wert, den man

---

1) II. 40.
2) De origine et usu obeliscorum S. 370 mit Anm. 32; C. I. L. VI.³ 15592—95.
3) Matz-Duhn 2287. 4) Benndorf-Schoene Nr. 427.
5) Sarkophagreliefs II. 155. 6) Benndorf-Schoene 421.

auf Schönheit der Umrifslinien, Ausbildung der Form legt. Ja gelegentlich streift jene Schönheit an eine gewisse Glätte und Eleganz.

Der Guirlandensarkophag, der dem Monumente des C. Bellicus Tebanianus (s. S. 100) am nächsten steht, zeigt tiefgesenkte Fruchtguirlanden, die von Eroten und Korybanten getragen werden. Die Zwischenräume füllen grofsgebildete Medusenköpfe.

Die Datierung beruht auf gleichzeitig in derselben Anlage gefundenen Ziegelstempel, die nach Drefsels Ansatz in die Jahre 132 und 134 fallen.[1] Wenn im allgemeinen auf derartige Zeitbestimmungen auch nicht allzuviel zu geben ist, so haben wir aus stilistischen Gründen keinen Grund, an der Beweiskraft dieser Zeitbestimmung zu zweifeln.

Auch für die Klasse der griechischen Erotensarkophage, die Matz[2] in einem feinsinnigen Aufsatze besprochen hat, gewinnen wir einen festen Anhaltspunkt durch ein in Athen[3] befindliches Exemplar, das spielende Eroten mit einem Bocksopfer beschäftigt darstellt. Auf Grund des erhaltenen Namens Magnos, dessen Lebenszeit dadurch gesichert ist, dafs sein Sohn im Jahre 190 oder 200 n. Chr. Prytan war, haben wir dies Monument in die zweite Hälfte des zweiten Jahrhunderts zu setzen. In diese Zeit wird, dem Stile nach, aber auch der gröfsere Teil dieser Gruppe gehören.

Für den oberitalischen Haustypus erhalten wir einen festen Vergleichspunkt durch einen in Tortona befindlichen Phaëtonsarkophag.[4] Die Namen Antonia und Aelius deuten ebenso wie die Frisur der Mutter, die mit der der Faustina Ähnlichkeit hat, auf die Antoninenzeit. Damit stimmen auch die Porträtzüge des Phaëthon auf der Vorderseite, ebenso wie die Angabe von Augenbrauen, der Peripherie der Pupille, sowie des Lichtglanzes der Iris überein.

Die Entwickelung des plastischen Stiles in Italien während des zweiten Jahrhunderts läfst sich mit ziemlicher Sicherheit auf Grund der datierbaren Sarkophage verfolgen. In den Anfang der Antoninenzeit gehört aus stilistischen Gründen die köstliche Illustration zu der Hochzeit des Peleus und Thetis.[5] (Fig. 31.) Die Haartracht ist die der Antoninenzeit, die Formensprache die in der Hadrianischen. Vorliebe für plastische Stellungen, äufserste Sorgfalt in der Ausarbeitung der

---

1) C. I. L. XV. 1051. 2) Arch. Ztg. 1871.

3) Arch. Ztg. 1869 Taf. 19; Sybel 2117; C. I. A. III. 1672 cf. 1050.

4) Arch. Ztg. 1867 S. 78. [App. 881]; C. I. L. V. 7380: Antonia Tisipho mater filio pientissimo P. Aelio Sabino. Übrigens zeigen die Porträts nicht Vater und Mutter, sondern Mutter und Sohn, denn der Vater würde die linke, die Mutter die rechte Seite einnehmen. Es ist aber das umgekehrte Verhältnis der Fall.

5) Sarkophagreliefs II. 1.

Gewandfalten, wie in dem rythmischen Fall derselben und schließlich das Festhalten an der ebenen Grundfläche des überall sichtbaren Reliefgrundes lehren uns die Prinzipien dieser klassicistischen Periode kennen.

In das erste Jahrzehnt der Regierungszeit des M. Aurel (161—170) ist auf Grund des in der Inschrift erwähnten XXI. Lustrums des Kollegs der Fabri tignarii, nach Henzens Beobachtung, der Alcestissarkophag (Fig. 32) des C. Junius Euhodus [1]) befristet. Dies ist um so wichtiger, weil wir hierdurch einen festen Punkt für eine ganz neue Stilrichtung gewinnen. Ein starker realistischer Zug macht sich durch die ganze Arbeit bemerkbar, im Gegensatz zu den idealistischen Gestalten des vorigen Stückes glauben wir hier Männer und Frauen des täglichen Lebens vor uns zu sehen. Die Stellungen, die einen dem Leben abgelauschten momentanen Eindruck hervorrufen, kontrastieren in eigener

Figur 31. Hochzeit des Peleus und Thetis. V. Albani.

Weise zu der in Ausdruck und Gesten zum Ausdruck kommenden gewaltsamen Erregung. In echt römischer Weise ist hier auf den äußeren Schein, den Anstand und die Gravität das Hauptaugenmerk gerichtet. Ein großes Gewicht ist auf die Augen gelegt, der Blick, dem eine entschiedene Richtung verliehen ist, hat bereits einen großen Grad von Ausdrucksfähigkeit erreicht. Der Kopftypus ist, einmal aufgenommen, unvergeßlich. Es sind jene vollen, stark an die Tonmodelle erinnernden Köpfe, wie sie die gleichzeitige Plastik in den Werken Damophons, den Köpfen von Lykosura, erhalten hat. [2]) Die Frisur der Frauen zeigt die Haartracht der jüngeren Faustina [3]) mit den auf dem Scheitel errichteten Haarwulst, die Männer tragen dickes, volles Haupt- und Barthaar.

Parallel daneben hergehend oder etwa 10—20 Jahre jünger ist eine

1) Sarkophagrel. III. 1, Taf. VI. 26.

2) Cf. Robert, Pauly-Wissowa Realenc. IV.² S. 2078; vgl. besonders die Köpfe auf dem Hippolitossarkophag in Arles.

3) Cf. Cohen II. 437 N 129 pl. XIV.

Stilrichtung, die ungefähr das gerade Gegenteil erstrebt. Auch sie liebt momentane Bewegung, aber nicht in jener künstlichen Erstarrung, in leerer Deklamation, sondern in gewaltsamen, wilderregten Bewegungen, die durch lebhafte seitliche, im Gegensinne zur Bewegungsrichtung, gewandte Kopfhaltung (Kontrapost) gesteigert, ihren Ausdruck finden. Wildes Flattern der Gewänder, das durch tiefe Einschnitte gekennzeichnet wird, das lang auf den Nacken herabfallende Haupthaar der Männer und die übliche Melonenfrisur, wie sie Lucilla auf den Münzbildern [1]) trägt, sind Charakteristica dieses Stiles. Als Proben können für diesen pathetischen Stil die Achilleussarkophage [2]) in V. Giustiniani und im Vatikan gelten.

Figur 32. Alcestissarkophag.

Auch die Zeit des Commodus bietet Anhaltspunkte, die wegeinr stilistischer als realer Natur sind. Bekannt ist die Vorliebe des Kaisers für die Amazonen, die sich bereits in der barocken Ausschmückung der bekannten Büste vom Esquilin kund tut [3]), wie er sich denn auch Amazonius nannte, seine Geliebte Marcia als Amazone malen ließ, und selbst im Amazonenkostüme in der Arena auftreten wollte. [4]) Nicht am wenigsten reizte ihn das Amazonenabenteuer, sich als Herkules darstellen und selbst opfern zu lassen. Deshalb können wir es als gesichert annehmen, daß eine ganze Gruppe von Heraklessarkophagen, [5]) die das Amazonenabenteuer in die Mitte setzen, in seine Zeit gehört. Es ist dies um so wahrscheinlicher, weil dadurch das Abenteuer, das sonst an neunter

---

1) Imhoof-Blumer Taf. II. 43.

2) II. 38 u. 39; vgl. auch den Meleager S. III. 228 mit der Inschrift Aurelio Vital. centurioni cohortes prime pret.

3) Dafür spricht auch die häufige Verwendung des Peltenmotivs als Ornament auf datierbaren Inschriften Piranesi IV. Taf. LVII, Annali 1868 tav. 17.

4) Lampridius Commodus¹ cap. 11 (ed. Jordan).

5) Sarkophagrel. III. 101—103 vgl. den Text.

Stelle üblich ist (Diodor IV. 11), plötzlich an die sechste rückte und so das von Klügmann erkannte Prinzip der paarweisen Gruppierung unmotiviert aufgehoben wird. Durch diese Erklärung erhält diese Arbeit ihren Ehrenplatz in der Mitte, wozu uns auch stilistisch, mit dieser Epoche vereinbar, am besten das Mantuaner Exemplar den Beweis liefert.

Mit nicht minder grofser Wahrscheinlichkeit macht der Meleagersarkophag (Fig. 33) im kapitolinischen Museum [1]) Anspruch, in jene Zeit datiert zu werden. Hier erscheint plötzlich in der linken Eckgruppe Atalante in einem neuen, eigentümlichen Typus, im Helm, Mantel und mit Speer, wie eine Roma gekleidet. Das meiste Interesse flöfst aber der Deckel ein, wo Eroten im Kampfe mit wilden Tieren dargestellt sind. Des Commodus Leidenschaft für diesen Kampf ist bekannt, er liebte es,

Figur 33. Meleagersarkophag-Kapitol.

in der Arena persönlich gegen Bestien aufzutreten. Man könnte sich veranlafst fühlen, hierzu Herodians Worte (15, 4) zu zitieren: τότε γοῦν εἴδομεν ὅσα ἐν γραφαῖς ἐθαυμάζομεν, denn in dem Deckelfriese haben wir nichts anderes als eine richtige, wohlgelungene Karikatur auf Kaiser Commodus' Tierkämpfe in der Arena. Die linke Eckscene nämlich zeigt einen Eroten, der mit einem Pfeile, dessen Spitze einem sichelförmigen Halbmonde am ehesten sich vergleichen läfst, einem Straufse den Kopf durch einen Schufs glattweg abzurasieren beabsichtigt. Die Waffe ist ganz ungewöhnlich, wir wissen nun aber, dafs Commodus tatsächlich im Amphitheater mit einer derartigen Waffe gegen mauretanische Straufse auftrat. Herodian berichtet darüber [2]): τὸ δ᾽ εὔστοχον τῆς χειρὸς αὐτοῦ πάντες ἐξεπλήττοντο. λαβὼν οὖν ποτε βέλη ὧν αἱ ἀκμαὶ ἦσαν μηνοειδεῖς, ταῖς Μαυρουσίαις στρουθοῖς ὀξύτατα φερομέναις καὶ ποδῶν τάχει καὶ κολπώσει πτερῶν ἐπαφιεὶς τὰ βέλη

---

1) Vgl. Helbig Führer[2] I. S. 272 Nr. 424; Sarkophagrel. III.[2] 238.
2) C. 15, 5; vgl. Dio Cassius LXXII. 21.

κατ᾽ ἄκρον τοῦ τραχήλου, ἐκρατόμει, ὡς τῶν κεφαλῶν ἀφῃρημένας ὁρμῇ, τοῦ βέλους ἔτι περιθεῖν αὐτὰς ὡς μηδὲν παθούσας.

In stilistischer Beziehung lehren uns diese Stücke aus der Zeit des Commodus, wie seit Marc Aurel ein tiefer Einschnitt in dem Reliefstil eingetreten ist. Eine unsorgfältige, hastige Arbeit macht sich im einzelnen bemerkbar, tiefe Löcher und Rillen markieren die Schatten, die Haarpartien erscheinen unorganisch wie ein grofser durchlöcherter Schwamm und statt der früheren Anmut der Conturlinien erscheint alles roh, leblos, seelenlos. Diese ganze Reihe von Meleagersarkophagen (242, 250—253) zeigt das nüchterne, inhaltlose Gepräge jener Kunstepoche.

Dasselbe Formgefühl kommt analog bei anderen Gegenständen zum Ausdruck. Die Antoninenzeit liebt es, statt der schlanken Bäumchen breite, volle Laubmassen darzustellen, sie bevorzugt daher den Feigenbaum vor Lorbeer und Eiche. Dasselbe zeigt sich in der Tierbildung. Im ersten Jahrhundert herrscht noch ein ganz anderer Geschmack, das Pferd erscheint edler in seinen Proportionen, in ruhiger Gangart, den Kopf vornehm gehoben, so zeigen sich uns die gut gearbeiteten Pferde der beiden Balbi in Neapel und derselbe Typus begegnet uns auf dem Titusbogen, der langgestreckte Körper, das gemefsene, ruhige Schreiten. Auch die Trajanische Zeit wandelt noch in diesem Kanon, wie die trefflichen Reliefmedaillons am Konstantinsbogen zur Genüge beweisen. Mit scharfer Beobachtung ist besonders die Stellung der Ohren wiedergegeben, wie sie sich spitzen und drehen, ein Zug, der durch die gesamte römische Pferdedarstellung geht. Das grofse Bronzepferd Marc Aurels auf dem Kapitolsplatz verrät ein ganz anderes Formgefühl, einen anderen Kunststil. Es ist der diese Epoche beherrschende Rythmus, der hier zur Geltung kommt. Wohl ist es, wie Burckhardt sagt: „an sich ein widerliches Tier, vielleicht einem Streitrofs des Kaisers getreu nachgebildet", aber mit ungeheurer Schärfe der Beobachtung aufgefafst. Kurze, gedrungene, mafsige Formen, kleiner Kopf, kurze Gliedmafsen. Die Stellung ist weit der Natur entsprechender, als bei den Pferden in Neapel. Es ist sogar wahrscheinlich, dafs diese Zeit eine ganz andere Pferderasse bevorzugt. Übertrieben, geschmacklos und noch mehr von dem alten Schönheitsideale sich entfernend ist das in aufbäumender Stellung befindliche Rofs der Reiterstatue des Commodus. [1] Dafs es schwerlich der Kaiser selbst ist, braucht nicht erst betont zu werden, aber es ist ein kunstloses Werk der Zeit und dieses Pferd ist typisch für die zahlreichen Pferde, die uns auf gleichzeitigen Sarkophagen begegnen. Die Schwer-

---

1) Helbig Führer II. Nr. 172. Vgl. Passow, Studien z. Parthenon (Philol. Untersuch. Heft 17), S. 53 ff.

Hippolytossarkop

rles. (Vgl. S. 107).

illigkeit, die breite Massenhaftigkeit ist ja der unmittelbare Ausdruck
es Zeitcharakters.

Einer Grabanlage derselben Zeit etwa entstammen drei Sarkophage,
ie uns ein glücklicher Zufall erhalten hat, ein Hippolytossarkophag im
Louvre (III² 161), ein Marsyassarkophag daselbst (III² 198) und der
Petersburger Hippolytossarkophag (III² 154). Eines ist wohl unbedingt
u sagen, daſs sie nicht von derselben Hand herrühren, auch kann man
ohl ohne weiteres gewisse Zeitabstände zwischen ihrer Anfertigung
oraussetzen. Am ähnlichsten sind sich die beiden römischen Sarkophage,
er Marsyassarkophag, der unter allen anderen seiner Klasse eine völlig
nguläre Stellung einnimmt, und der Hippolytossarkophag im Louvre.
ie zeigen jene schematischen, furchenartigen Falten, auf die wir wieder-
olt hingewiesen haben. Eine gewisse absichtliche Unordnung in der
ruppierung, die auch den Schein eines symmetrischen Aufbaues ver-
eiden soll, scheint an Stelle der klassischen Kompositionsweise getreten
u sein. In den einzelnen Stellungen sind auch diese Stücke noch von
teren Vorbildern abhängig.

Völlig ungleichwertig erscheint dazu der griechisch-römische Hippo-
tossarkophag in Petersburg. Bevor wir auf ihn eingehen, müssen wir
ine Stellung in der Reihe der übrigen Stücke dieser Klasse betrachten.

In dieser glaube ich drei Gruppen bilden zu können.

1. Einer der ältesten ist der Hippolytossarkophag in Arles (III². 160
af. II). Er zeigt die völlige Loslösung der Figuren vom Reliefgrunde, wie
ir sie auf der Antoninussäule, dem mit Schlachtenbildern geschmückten
arkophage in Pisa, [1] der wohl noch in die Zeit Hadrians gehört, und
em Mithrasrelief aus Aquileja [2] sehen können. Mit letzterem hat er
och eine auffallende Ähnlichkeit der Eckfiguren rechts, hier ein Speer-
äger, dort ein Fackelhalter in orientalischer Tracht, gemeinsam. Wenn
an nur die Figuren der Oberfläche oder besser des Vordergrundes im
uge hat, glaubt man ein Relief bester Zeit vor sich zu sehen. So sehr
nd noch die Gesetze für Komposition, Bewegung, Proportionen in
eltung, so sehr ist man noch bemüht, die richtige Ponderation her-
ustellen, gute Umriſslinien und geglättete Formen hervortreten zu lassen.
rst beim näheren Betrachten erkennt man das Bemühen, den Relief-
rund fast völlig verdecken zu lassen, es erscheinen hinter diesen Haupt-
guren ein Reihe, von denen wenigstens die Köpfe noch losgelöst sind,
azwischen noch eine dritte, deren Gesichter man im Profil in Flach-
elief angegeben hat. Vergleichen wir ihn mit dem vielleicht noch in

1) Dütschke I. 60.
2) Robert v. Schneider Antik. Samml. d. Allerh. Kaiserh. Taf. XXI.

Hadrianische Zeit zurückgehenden Maleagersarkophag in Spalato [1]), der für eine eingehende Würdigung leider zu zerstört ist, so würden wir ihn ein wenig später ansetzen müssen. Dafür spricht auch der Rest des Bartes, der noch an der darauf gelagerten Figur erkennbar ist, so dafs wir ihn in die Zeit des Antoninus Pius zn rücken haben. Charakteristisch ist an beiden Stücken die sparsame Verwendung von Ornamentik.

2. Im Gegensatze hierzu steht die zweite Gruppe, die durch die beiden Hippolytossarkophage in Girgenti und Petersburg und den Athener Pelopssarkophag [App. 2063] gebildet wird. Sie datieren die Haarfrisuren der Frauen, so die attische Frisur der Dienerinnen auf der rechten Schmalseite des Monumentes von Girgenti. Unterschieden sind sie durch die reiche Ornamentik, die Verwendung von hervorspringenden Eckpostamenten und einen Fries von Akanthusblatt, der auf dem Reliefhintergrunde in Kopfhöhe sich entlang zieht. Vergleichen wir mit diesen Stücken jene beiden aus demselben Grabe stammenden Exemplare, so thut sich ein gewaltig klaffender Rifs auf. Und doch haben wir es hier nicht mit anderen Zeitabständen, sondern nur mit verschiedenen Stilrichtungen zu tun. Die eine ist die akademische, die an den klassischen Normen festhält, die andere bildet sich mit robuster Kraft neue Gesetze.

3. Eine dritte Gruppe vertritt der Sarkophag des Alexander Severus und der Julia Mammaea in Kapitolinischen Museum [2]), der auf Grund der Porträtköpfe in die ersten Jahrzehnte des III. Jahrhunderts zu datieren ist. Die alte ruhige, beinahe langweilige Komposition ist einer lebendigen, fesselnden gewichen. Neue optische Gesetze tuen sich hier auf. Zwischen den hellmarmornen Figuren kommen dunkelschattige Raumpartien zum Vorschein. In grandioser Weise sind die Hauptfiguren wie isoliert dargestellt und dieser Effekt wird durch die Häufung der im Hintergrunde verteilten, nur stückweise hervortretenden Nebenpersonen erzielt. Rein technisch bezeichnet dieser Sarkophag einen ungeheuren Fortschritt, er schliefst sich aber zu eng an die übrigen seiner Klasse an, als dafs er davon zu sondern wäre. So ist besonders charakteristisch jener ganz schmale Streifen, an den sich die Köpfe anlehnen, das einzige Stück, das von der Grundfläche sichtbar ist. Diese, obendrein gebogene und nach aufsen zu umgebrochene Fläche, ist mit Ornamenten verziert. [3])

---

1) III.[2] 220.

2) Sarkophagrel. II. 25; Riegl, die spätrömische Kunstindustrie, S. 74 Abb. 13. Diese Epoche liebt wieder schlanke Gliedmafsen, grofse Proportionen. In diese Zeit gehört der künstlerisch sehr hoch stehende, jetzt in Konstantinopel aufgestellte, Sarkophag von Konia.

3) Dieser umgebogene Streifen läfst die Grundfläche in der Art einer Corniche ausgebuchtet erscheinen, so dafs das Profil keine eckige Form, son-

Es ist ein Fries, der triplyphenartig eine aus einem Akanthusblatt auf-
steigende Volute verwendet und dazwischen Medusenköpfe. An letzteren
ist besonders die Ansetzung der Flügel oben am Kopfe und das volle
das Gesicht umfliefsende Haar auffällig. Ein ganz gleicher Fries findet
sich nun aber am Trajaneum in Pergamon. Ebenso verwendet das im
Louvre befindliche Exemplar (II. 26) an eben dieser Stelle einen
Akanthusfries, der mit dem pergamenischen Akanthusblatte auffällig
harmoniert. Es ist dies ein neuer Beweis, wie diese griechisch-römischen
Sarkophage im Typus vollkommen der alten Tradition folgen. Dafs
diese Gruppe auf trajanische Vorbilder zurückgreift, zeigt auch das Vorkommen dieser Jünglinge mit Pferden als Seitenabschluss auf den trajanischen Medaillons des Konstantinbogens [1]), wo sie sich vorzüglich und
wohl ursprünglich dem Rahmen einfügen.

Auffallend ist auf dem Louvresarkophage die Bildung der weiblichen Figuren. Es liegt hier ein statuarischer Typus zu Grunde, der
in dieser Zeit entstanden sein mufs und in verschiedenen Brechungen
in zahlreichen Exemplaren vorliegt. Charakteristisch dafür ist die Teilung
des Gewandes in drei grofse Faltenmassen, eine zwischen den Beinen,
je eine an jeder Seite, und teils ungegürteter Peplos, wie sie die sogenannte Diana Lucifera im Vatikan und die Artemis Colonna in Berlin
trägt, teils hochgegürtetes Gewand, wie sie die andere Vatikanische Diana [2])
repräsentirt. Dies ist der Typus, den die Töchter des Lykomedes zeigen,
auch die von starkem Windzuge rückwärts getriebene Kleidung ist beiden
gemeinsam. Es ist dies gerade die auf den Sarkophagen dieser Zeit
immer wiederkehrende Erscheinung, die doch wahrscheinlich auf einen
einflufsreichen Künstler dieser Zeit zurückgeht. Sollte hier nicht doch
Damophons Artemis Laphria oder die Eileithyia zu Grunde liegen? So

---

dern eine Bogenlinie ergibt. Die Absicht ist natürlich, die Köpfe durch die
obere Plinthe nicht verdunkeln zu lafsen. Wir finden dies schwach angedeutet
bei dem Telephosfries (vgl. das Stück mit der Aussetzung des Telephos), auch
der Fries vom Artemis-Tempel in Magnesia zeigt diese Ausbuchtung. Die römischen Sarkophage haben sie fast durchgängig, aber fast stets nur auf der
Vorderseite und nie an decorativen Stücken. Zu verwechseln ist hiermit nicht
die horizontale Ausbuchtung, welche die augusteischen Reliefs (z. B. Grimani)
zeigen, die wie in dem Brennpunkte eines konvexen Spiegels das Bild auf der
Netzhaut des Auges auffangen lassen. Die hellenistischen Reliefs vermeiden
dagegen jede Ausbuchtung.　　　　　1) Ant. Denkm. I Taf. 42, 3.

2) Helbig Führer I. 38 vgl. I. 537 und besonders Clarac Répertoire tom.
II p. 318, 3. Vgl. damit den Alexander Severus Sarkophag. Die griechisch-
römischen Sarkophage zeigen eine besondere Vorliebe für Verwendung von
statuarischen Vorbildern, so wird auf dem Petersburger Hippolytossarkophage
die Stellung der Esquilinischen Venus copiert.

haben wir in der ganzen griechisch-römischen Klasse eine einheitliche Gruppe zu sehen, die zeitlich in die Antoninenzeit zu setzen ist, etwa derart, daſs die frühesten in die Zeit des Antoninus Pius, die jüngsten in die des Elagabalus fallen. Wie der pentelische Marmor des Exemplars in Spalato beweist, sind sie in Griechenland entstanden und wohl in gewiſsem Gegensatze zu dem Festhalten an der alten Tradition, wie sie die rein griechischen verfolgen, an römische Vorbilder angelehnt.

Sie aber sowohl, wie die staffelförmigen, bilden eine vorübergehende Erscheinung um die Wende des III. Jahrhunderts. In dieses dritte Jahrhundert sind wir nun eingetreten und stoſsen auf die schwerlösbare Frage, welchen Weg die Entwickelung weiter eingeschlagen hat. Riegl, der gerade diese Epoche sich zum Studium des spätrömischen Reliefs ausersehen hat, sucht uns durch die Aufzählung einer Reihe von Sarkophagen über die lückenlose Aufeinanderfolge der verschiedenen Stilrichtungen dieser Zeit hinwegzutäuschen. Jedoch kann ich mich nicht entschlieſsen, ein einziges der von ihm angeführten Monumente in die Zeit zwischen Elagabalus und das Ende des III. Jahrhunderts zu setzen.

Am ehesten rückt vielleicht in den Beginn jener Epoche der Adonissarkophag im Lateran [1] Wenigstens kann man ihn auf Grund des mähnenartigen Haupthaares des Adonis und der an die Frisur der Julia Domnia erinnernden Haartracht der Frauen wohl am besten in die Zeit des Septimius Severus setzen. Stilistisch sagt er uns wenig, er weicht nicht wesentlich von den früheren ab.

Wenn wir aus der Zeit des Elagabalus das erste und bis jetzt das einzige sicher datierte Stück, ein Pfeilerkapitell von dem Forum besitzen, so verdanken wir dies Studniczka.[2] Für jeden wird der Schluſs von dem thronenden Steine von Emisa auf die Periode der Regierung Elagabals überzeugend sein. Stilistisch scheint es durch die trotz harter Schattenlinien noch immer abgerundet erscheinenden Formen der Figuren und Pflanzen der antoninischen Zeit bedeutend näher zu stehen als etwa der Meleagersarkophag im Konservatorenpalast [3]), den Riegl jetzt folgen läſst. Wenn er auch selbst zugiebt, daſs wir „hinsichtlich der künstlerischen Ausführung ganz nahe an die konstantinische Kunst herangekommen sind", sehe ich keine Möglichkeit, die ein halbes Jahrhundert umfaſsende Lücke mit den jetzigen Mitteln zu schlieſsen. [4]

---

1) Sarkophagrel. III¹ 21, vgl. den dazu gehörigen Deckel mit Oedipus mythos II. 183.   2) Röm. Mitt. XVI. 1901 Taf. XII.

3) Sarkophagrel. III. 221; Riegl S. 76. Abt. 14.

4) Vermutlich gehören in diese Zeit eine Reihe sehr unansehnlicher und undatierbarer Porträtsarkophage, zum Teil späte geriefelte, denn unbedingt

Wenn man jene Epoche mit wenigen Zügen charakterisieren soll, so wird man zunächst betonen, daſs inhaltlich die Darstellungen sich an die älteren Vorbilder anlehnen und nichts Neues erstreben. Jene zum Teil gedrängte Flächenfüllung des ersten Drittels des Jahrhunderts hat aber einer bequemen Weiträumigkeit Platz gemacht, die Linien, die dort unruhig und zuckend liefen, sind gemessen und still. Ein neues Verhältnis von Figur und Reliefgrund hat sich angebahnt, die Unruhe in der Bewegung ist ebenso verschwunden, wie die in der Komposition. Der schwermütige Zug, dieses unsagbar Bedrückte, das den Porträts dieser Zeit aufgeprägt ist, kommt auch in dieser ernsten, gewichtigen Kompositionsweise zum Ausdruck. Die fröhliche Leichtigkeit, mit der die Figuren der augusteischen Zeit, das ungestüm Gewaltsame, mit der sich die der Antoninenzeit bewegten, ist einer lastenden Schwere gewichen. Die Spannkraft, die den Menschen jener Zeit fehlte, prägt auch dem Stile eine zu Boden drückende Schwere auf. Jene die Zeit beherrschende Bedeutung der Architektur, die in den Säulensarkophagen eine Relation zwischen Mensch und Bauwerk schaffen will, ist nur eine vorübergehende Erscheinung. Die architektonische Fassung wird immer seltener, nicht einmal die Rahmenlinien werden mehr betont. Ebenso verändert sich der Reliefstil. Die zahlreichen Hebungen und Senkungen des Reliefs und die Verteilung heller und dunkeler Massen, die die vorige Generation gesucht hat, weicht einer scharfen Behandlung der Umriſslinien. Die Bewegungen in der Gewandung und Haar, die oft beinahe plastische Modellierung der Figuren, hört gänzlich auf. An die Stelle des leidenschaftlichen Temperaments tritt eine ruhige Kadenz, die durch schrille Überschneidung der Figuren und durch unrythmischen Linienzug sich völlig vom klassischen Schönheitsideale entfernt.

Es giebt wohl kaum ein anschaulicheres Bild, als wenn wir den oben genannten Hippolytussarkophag im Louvre (III 161) mit dem späten in den Anfang des IV. Jahrh. n. Chr. gehörigen Exemplare von Spalato (III 163) vergleichen. Jene ältere Vorlage ist Stück für Stück auf dem jüngeren Monumente kopiert, aber an Stelle der dort auf einen Mittelpunkt hingehenden Komposition hat man hier durch paarweises Zuwenden der Figuren das geschlossene Gefüge gelockert, die Handlung

liegt das stoffliche Interesse dieser Kunstepoche nur im Porträt. Der Sarkophag der Caecilia Metella ist wahrscheinlich der älteste geriefelte, wenigstens erhalten wir einen sicheren Anhaltspunkt für die groſse Masse dieser Gattung durch einen jüngst auf dem Forum gefundenen, geriefelten, Marmorsarkophag einer Clodia Secunda, die, wie eine merkwürdig genau angegebene Inschrift besagt, am 4. August 172 geboren, am 17. Juni 207 gestorben ist. Vgl. Bullet. com. 1900

eintöniger und lebloser gestaltet. [1) „Die einzelnen Figuren, sagt Riegl, sind flach projiziert und an der Peripherie unterschnitten, lassen aber den Grund dahinter wieder mehrfach zu Tage treten, worin ein Symptom des Überganges vom mittelrömischen zum spätrömischen Relief und zugleich eines Wechsels in der Auffassung vom Wesen der Grundebene zu erkennen ist. Die Falten sind schräge eingeschnitten und verraten bereits eine Neigung zu schematischer Reihung." Sie zeigen uns am deutlichsten, wie der Künstler, seinem Vorbilde nacharbeitend, dem Stile seiner Zeit nachgegeben hat. Sind auch dort die Falten schon furchenartig, so sind sie doch geradlinig, hier aber flach und gebogen, wie wenn man sie mit einem hohlgeschliffenen, sichelartigen Instrumente [2) gezogen hätte. Dieselbe Manier zeigen Kopf- und Barthaar. Die Proportionen haben ihren Wert verloren, der Geist, der aus den früheren Formen noch immer zu sprechen scheint, ist bei dieser unnplastischen Darstellung völlig zu Grunde gegangen. Es liegt dies aber nicht nur an dem Nichtkönnen, vielmehr ist die Wirkung gewollt und beabsichtigt. Die klassische Formengebung, mit der sie seit Jahrhunderten übersättigt wurden, erscheint ihnen flach und langweilig. Daher suchen sie das Häßliche, weil es ihnen natürlicher dünkt und menschlicher. Ebenso scheint uns irgendwelche Harmonie, jedweder Rythmus zu fehlen, wenn wir die klassischen Gesetze daneben halten. [3) Die großen führenden Linien fehlen ebenso, wie jeder auf Kontrastwirkung berechnete Effekt. Das Auge wird gezwungen, das Detail zu betrachten und einzeln Figur für Figur abzutasten. Wesentliches wird nicht vom Unwesentlichen geschieden, es giebt keine Über- und Unterordnung. Die ganze Komposition macht den Eindruck eines erstarrten Ornaments. Eines war diesem Jahrhundert verloren gegangen, die Lust des Improvisierens, und um mit Erfolg die bequeme Bahn der Tradition verlassen und die bishergültigen ästhetischen Gesetze umstoßen zu können, fehlte dieser Kunstepoche ein bahnbrechendes Genie.

In dieser Zeit sind die Sarkophagreliefs am allerwenigsten das geeignete Material, um die großen Stilrichtungen, die kennzeichnenden Merkmale der großen Kunst wiederzuspiegeln. Denn jetzt ist die Herstellung der Sarkophage eine so handwerksmäßsig gesunkene, daß nur nach älteren Modellen gearbeitet wird. Hier kann nur ein Kunstgebiet die große Lücke schließen — die Architektur.

---

1) Vgl. Riegl S. 80; auch der späte Adoniss. III.[1] 19 im Lateran ist nach einer Vorlage des II. Jahrh. copiert.

2) Vielleicht dasselbe Werkzeug, mit dem man die Riefeln herstellte.

3) Bekanntlich gehören in der Antike die Inschriften zur Ornamentik, jeder Epigraphiker weiß, wann die Buchstaben zu verwahrlosen beginnen.